想 象 之 外 · 品 质 文 字

北京领读文化传媒有限责任公司　　出品

# 为什么选你做 经理

HR

徐胜华 —— 著

## 人力资源管理技能精进指南

北京时代华文书局

**图书在版编目（CIP）数据**

为什么选你做 HR 经理 / 徐胜华著 . —北京：北京

时代华文书局 , 2018.9

ISBN 978-7-5699-2518-0

Ⅰ . ①为… Ⅱ . ①徐… Ⅲ . ①人力资源管理—研究

Ⅳ . ① F243

中国版本图书馆 CIP 数据核字 (2018) 第 164739 号

# 为什么选你做 HR 经理

WEISHENME XUAN NI ZUO HR JINGLI

著　　者 | 徐胜华

出 版 人 | 王训海
选题策划 | 领读文化
责任编辑 | 孟繁强
装帧设计 | 领读文化
责任印制 | 刘　银

出版发行 | 北京时代华文书局 http://www.bjsdsj.com.cn
　　　　　北京市东城区安定门外大街 136 号皇城国际大厦 A 座 8 楼
　　　　　邮编：100011　电话：010 - 64267955　64267677
印　　刷 | 北京金特印刷有限责任公司
　　　　　（如发现印装质量问题，请与印刷厂联系调换）
开　　本 | 710mm×1000mm　1/16　印　张 | 17.25　字　　数 | 276 千字
版　　次 | 2018 年 9 月第 1 版　　印　　次 | 2018 年 9 月第 1 次印刷
书　　号 | ISBN 978-7-5699-2518-0
定　　价 | 58.00 元

# 前 言

我喜欢看书，但是很少看专业书籍，主要是感觉很多书让自己没有读的欲望，要么枯燥，要么深奥，有一次，我读一本专业书，勉强看到一半就放弃了，自我安慰说这才是学渣的作风！然后就怕了！开始寻找一些看起来轻松的文章，那个时候我就想，如果有一天，我要是能写文章，我一定要写一些让别人有想读欲望的文字，让他们在轻松的氛围中学习到他们需要的知识，这就是传说中理想还是要有的，万一实现了呢！现实却是骨感的，毕竟能写理论型文章与书籍的专家和学者太多，而能写幽默风趣类型文章的作者太少，想找个可以借鉴的都没有，那只能自创一种新的模式！然而过程却是非常痛苦的，把高深的理论转化成朴素的语言需要功夫，把实践过程中得到的某些经验与教训变成文字需要功夫，把这两者结合再用轻松的文字表达出来更需要功夫，就这样且行且摸索，且行且珍惜的往前走，才积累了很多有趣味的文字，正是因为这些文字，江湖上才多了一个被 HR 界耽误的相声演员，感谢各位同行朋友们的认可，一个有态度的段子手，不仅让别人得到快乐，还要让别人从快乐中发现解决问题的办法，这样的段子手才是好的 HR！很庆幸的是，我就是这样一个始于颜值，敬于才华，合于性格，久于善良，终于人品的 HR！

陆游在《冬夜读书示子聿》诗中写道："古人学问无遗力，少壮工夫老始成。纸上得来终觉浅，绝知此事要躬行。"陆老师这是敲黑板告诉我们，光知道理论没什么用，还需要在实践中去证明与完善理论，这才是我们做学问的态度。我发现很多朋友喜欢读书，喜欢去追求各类时髦的管理理论，然后习惯用这些理论去解释一些问题，好像这样才能显示自己如何厉害！其实不然，每个理论在静态的模型分析中都是对的，但是现实是动态的模型，随着形势的变化，人心的转变，阶段的需求不同而表现出来的问题也不同，不是单纯的用理论就能套用的，这就需要我们具备因地制宜的分析问题与解决问题的能力！实践也不止一次的打脸，告诉我们，死读书与读死书是没用的，需要我们会读书，善用书，学会将书中知识转变为自己知识的能力，这也是我在书中分享知识的重要目的。

众所周知，HR 是最有学习欲望的群体，也是最容易迷失的群体，因为很多人是为了学习而学习，所谓贪多嚼不烂，虽然表面上看起来看了很多书，但却没有形成自己的知识体系，最后也只能人云亦云泯然于众人！那为什么有些同行就能风声水起呢？他们既不是骨骼清奇天赋异禀，也不是三头六臂神通广大，除了平台本身的优势，更多的是他们努力的结果，他们只会告诉你们要学习哪些理论，而我就不一样了，我要告诉你们哪怕没有掌握理论，也可以去解决问题！这就是荀子老人家说的那样"君子生非异也，善假于物也"，这也是本书告诉伙伴们的一个重要的技能。

我认为人力资源管理的本质上就是人的管理，只有解决了人的问题，才能解决事的问题！而人的管理恰恰是中国传统文化的优势之一，所谓诸子百家，纵横千年，留下了璀璨的宝库，只要我们找到了开启宝库的钥匙，吸取其中的营养就可以经世致用，王侯霸业都付笑谈中！老子在《道德经》中说："以正治国，以奇用兵，以无事取天下"，我喜欢一个"奇"字，分析问题剑走偏锋，本书中很多案例分析以史为镜，古为今用，视角与众不同白里透红，在诙谐幽默中让读者明白原来还是这个配方；解决问题出奇不意，以人为本，配药无数不走寻常路，在轻松娱乐中让读者开悟这样做就对了。这也是本书最重要最能体现我本人风格与特点的亮点了，话说，如果我正经了，那与其他专家有什么区别？三茅有无数个专栏作家与打卡牛人，但是，三茅只有一个红尘醉弥勒徐胜华！嬉笑怒骂皆是文章，插科打诨都是干货，永远是不一样的烟火！

从注册三茅至今，作为打卡界的一名老兵，陆续写了不少文章，期间很多人物过眼云烟，有人离开，有人进来，我想在成长的道路上，有人只能陪你一阵子，而自己却要走一辈子，而职场修行不过修心罢了，我们唯一能做的就是让自己的内心变得强大，让自己有能力、有信心、有条件去解决前行道路上的不同问题，无论我们的对手是谁，只要我们自己不趴下，就没有人能让你趴下，本书没有颜如玉，也没有黄金屋，只有最好的自己！

我自己的生活状态可以用一幅对联来概括，上联是：读书健身灵魂在路上，下联是：抄书写作学问在心里，横批：唯我独乐！写作是孤独的，没有人能体会一个写手的痛苦！但是，我深信能耐得住寂寞，才能守得住繁花，只要坚持前行，必将会看到别人看不到的风景，因为前进的路上并不拥挤，90%的人都掉在路上了！朋友们，让我们带着这本书一起前进吧，理想不死，青春不灭！

徐胜华于上海

目 录
*Contents*

## 第三章 / 培 训

## 第四章 / 薪 酬

## 第五章 / 绩 效

## 第六章 / 员工关系

第一章

PART 1

职业规划

## 01

第一节

# 优秀的 HR 应该具备哪些素质

现代企业管理中，人力资源部门的作用日益重要，把人力作为一种资源进行管理与投资！从这个角度来说，人力资源管理已跳出传统的人事管理范畴！通俗地说，人力资源六大模块有人专一、有人博爱，不管做哪个模块，作为 HR 来说，一些技能要求与素质是相通的，而一名优秀的 HR 应当具备唐僧师徒的素质：

**1. 行动像唐僧。**

（1）专业的知识。唐僧少年学佛，对小乘教义的理解与研修已达一定的高度，已成为行业内知名人物。作为 HR 来说也一样，不管哪个模块，至少要对这个模块的知识表现出足够的专业度，展示出高精尖的实力，就算不能在行业内风起云涌，至少在本企业内部是专家吧，这样才能让人信服。

（2）坚定的信仰。观音指路，唐王下旨，唐僧奉命西行取经，历经八十一难，虽有动摇，但从不放弃，最终完成唐王使命。对于 HR 来说，要把工作当事业来做，不管身处什么样的环境，都要始终相信自己的选择，坚持不一定成功，但放弃一定会失败！

（3）卓越的执行。唐王的使命，观音的点化，个人的信仰，三者叠加，强化了唐僧的执行力，取经路上收编四个有前科的徒弟，一路教化、引导，最终和徒弟一起成功！作为 HR 来说，如何引导员工在各自岗位上发挥他们的才能，如何确保公司制度落地，如何督促员工达成目标，这都需要超强执行力来保障。这一点对唐僧不服不行，孙悟空负责战斗、猪八戒配合战斗、沙僧挑担，人岗匹配度高，团队协作好。

### 2. 能力像孙悟空。

（1）技能突出。孙悟空本领高强，筋斗云、七十二变加上金箍棒，让孙悟空在西天路上尽展雄风，不管是逢山开路还是遇水搭桥，无论是降妖除魔还是问路化缘，其核心战斗力无人匹敌！不管遇到何种困难，孙悟空都能凭借自身本领使整个团队化险为夷，只要孙悟空在，唐僧就不会担心。对于 HR 也一样，不管哪个模块，就算你不精通，但是必须要有自己独特的风格与方法，让别人不可复制，这才是你生存与发展的核心技能，你必须能为企业解决各种各样的问题，HR 就像老板手中的一把刀，当刀钝了，那就失去了存在的意义！

（2）善于沟通。不管是西方诸佛、还是天庭各神，无论修仙之士、还是人间王侯，孙悟空都能海聊神侃一翻，不管是刺探敌情，还是搬兵求救，孙悟空都能收发自如，得心应手达到既定目的。对于 HR 来说，良好的沟通能力就是基本功，你做规划，需要让人心悦诚服地接受你的方案；你做招聘，需要舌吐莲花地引导应聘者；你做培训，更需要舌战群儒地引导学习者；你做薪酬，需要循循善诱地劝导员工；你做绩效，需要摆事实、讲道理地评介员工的业绩；你做劳动关系，更需要侃侃而谈地打消员工的疑虑。沟通需要技巧，不是秀才遇到兵、有理说不清，而是将心比心、无理也动心！不善沟通的 HR 不是成功的 HR。

（3）战术多变。西天路上，对于各类企图破坏取经梦想的妖魔鬼怪，能打的打，能杀的杀，能降的降，打不过就跑，能借兵的借兵，能借势的借势，对于有背景的妖魔，就要借其靠山收服，既达到救出唐僧的目的，又能卖个人情给各路神仙，妥善处理了各类关系。对于 HR 来说，处理各类关系也是一门必修课，特别是在民营企业中，皇亲国戚、元老功勋众多，HR 作为企业文化的宣导者，如何达到令行禁止，有效维护企业制度的严肃性与权威性？这就需要灵活多变、因地制宜、因人而异地选择不同的处理方法与技巧。

### 3. 个性如猪八戒。

（1）知错能改。毫无疑问，猪八戒身上有诸多缺点，比如贪财好色、好吃懒做、自私自利、妒贤忌能、搬弄是非等，但是不管怎么说，猪八戒在唐僧的教育下、孙悟空的监督下、沙和尚的调解下，猪八戒还是能改正并找到自己的位置！对于 HR 来说，谁都不是完人，应对瞬息万变的局面，不怕犯错，就怕不知错，更怕知错不改错！

（2）幽默讨喜。猪八戒另一大个性就是幽默讨人喜，至少在调节整个团队气氛中扮演重要角色，有时能够在一定程度上缓解团队内部矛盾。当孙悟空被赶回花果山时，猪八戒跑去对孙悟空说，大师兄，师父想你了！而当着唐僧的面又说，师父，大师兄知错了！作为 HR 来说，不能把自己放在员工的对立面，更不能把所有关系都搞僵！HR 作为老板与员工间的桥梁，要学会调节气氛、化解矛盾，适当的时候幽默一下，也会让老板、员工理解 HR 的立场。

**4.品德如沙和尚。**

（1）甘于奉献。西天路上，沙和尚一路勇挑重担，无怨无悔，从未因为挑担事宜与孙悟空、猪八戒红脸，降妖除魔中，能帮则帮，不能帮则护师守马，不越雷池一步。HR也一样，HR部门除了本职工作外，很多时候还会做一些超出职能范围的事，不管是分内的事，还是分外的事，不仅要把事情做对，还要把事情做好！就像有人开玩笑说，HR的职责，就是把职责以外的所有事都做好！

（2）忠诚勤勉。沙和尚最大的优点就是服从分配、忠心护主，不管遇到什么困难，从未想到要分家，闹散伙！受观音点化，紧跟唐僧，严守戒律，老实本分，兢兢业业地做好后勤工作。应该说，在唐僧三个徒弟中，沙和尚是最让唐僧放心的一个。虽说能力较孙悟空、猪八戒有差距，但是较一般小妖来说，也算是个高手！有点小本事，又听话，对于唐僧来说，是指哪打哪，这样的人领导用起来最放心！

对于我们从事HR工作来说，做到优秀不是梦想，我们可以先优秀，再卓越，一步一步地走在梦想的路上！不管怎么说，能做到为企业尽责、为老板尽忠、为同事尽义、为员工尽心！你就可以成为优秀的HR！

## 02

### 第二节

# HR 如何做好职业规划

陈小姐在一家电气设备公司做HR主管，据说陈小姐是"半路出家"。虽然对公司内部各个岗位的职责了如指掌，但在管理、沟通上都感觉力不从心。老板似乎把人力资源部当成一种摆设，同事们也认为每件事情都有对口负责人处理，根本不听她的。陈小姐很困惑,不知道该怎么办,对自己未来的职业生涯规划也比较迷茫。如果你是陈小姐,你会如何做自己的职业生涯规划呢?

HR 工作做得好坏,要看老板对 HR 部门的认识与重视程度,也要看 HR 自身的素质情况。现实中很多 HR 的作用并没有得到体现,HR 的自身能力因种种条件限制,也不能得到发挥!高明的牌手不在于是否拿到一手好牌,而是把烂牌理顺、打好!

对于 HR 来说,在一个企业中,首先要对企业的发展目标进行评估,看企业的发展是否能给自己一个更好的发挥空间,也就是说企业的发展是否能促使个人的成长,企业的发展目标是否与个人的职业规划相一致!同时,HR 也要自我反省,自己会做什么?又能做什么?企业的环境让你做什么?你会做,也能做,但是老板不让你做,你又能奈何?很多时候,不是你不优秀,而是你无法做到优秀!

陈小姐的情况,又何尝不是大多数 HR 的缩影,在这种情况下,对于未来的职业规划,只有三句话概括:要么忍,要么狠,要么滚!


### 1. 要么忍。

这个阶段,能忍则忍,小不忍则乱大谋!只有当你能生存下来,你才有改变环境的机会!

(1)稳定压倒一切。老板把人力资源部当摆设,说明现阶段,老板还没有想过通过对人力资源的管理与控制来达到激活企业人员积极性的目标,也就是说,老板暂时是默认现状,或对现状比较满意,不愿意折腾!既然这样,作为人力资源部主管,还有什么好说的,积蓄力量,伺机而动!

（2）无为而治。各部门同事都对口管理，如果没有出差错，那就说明这种操作方式还有生存空间，大家各负其职、按部就班把事情做好，那就默认存在即合理的道理，俗话说：不怕贼偷，就怕贼惦记！不断观察、总会找到不足，然后研究对策。

（3）徐庶进曹营、一言不发。既然人力资源部不被重视，同事又不支持工作，这种情况下，只要公司没让走人，只能继续坚持，做好自己本职工作，做好分内的事，不该管的不管、不管说的不说、不该问的不问！多听、多想、多总结，用实际行动来表达自己的存在，这时候，别人只会认为你低调，不会对你有多少敌意！

**2. 要么狠。**

所谓浑水好摸鱼，只有把水搅浑了，不管是老板、还是 HR，才会有机会做一些事，通过人力资源的调整与配置，去解决一些棘手的问题。但是在企业中，很多人要么有背景、要么有能力，不是我们想怎么样就能怎么样的，你要让人跟着你的思路走，那么必须心要广、事要明！既要遵守规则、又要打破规则，运用阳谋，正大光明地击败对手！

（1）打破常规。通过前期的隐忍，总会发现一些不合理、不规范的地方，这个时候，HR 的机会就来了。HR 作为老板日常管理的助手与参谋，这时就要尽展胸中所学，是骡子是马拉出来溜溜！根据企业现状，适当提出一些变革措施，规范一些制度、完善一些流程，当然，在操作的前期，要想法搞定老板，特别是企业发生一些重大的事情时，HR 更要趁势而起，提出一些专业化的建议，只要老板认可了，那么尽可能地"狐假虎威"，严格执行，借机改变局面，从而打下自己的烙印！

（2）独而不群做孤臣。HR 作为老板手中的一把刀，只能是老板指哪打哪，当刀变钝的时候也就是换刀的时候。所以，你必须时刻磨练自己，让自己永远处于锋利状态！企业管理中，各式各样的人才都有，有人德才兼备，有人忠诚至上，有人平庸如常，有人碌碌无为，有人三五成群，有人拉帮结派。但是，对于HR来说，你只能选择与平级、下属保持一定的距离，只对老板负责，只有这样，老板才会放心让你做事！

换句话说，把所有人都得罪了，也就是都不得罪！千万不能让老板做坏人，自己做好人，我们要牢记，老板是好人，HR是坏人，因为许多事情老板不能说出口，但是事情要HR来做！HR就是给老板背锅的最好人选！毕竟简在帝心、乾坤独断，雷霆雨露、皆是君恩！既然公司定的制度、做的决策，那么HR作为执行与监督部门就要拉下脸来，严管理、抓落实，按章办事、按流程操作。记住，作为HR，你可以不优秀，绝不可以太无能！

### 3. 要么撤。

身在职场，跳槽已是一件很正常的事，关云长还有走麦城的时候呢！所以即使做出跳槽的决定，也不丢人，改变不了环境就适应环境，适应不了环境就换个环境！

（1）想你所想。作为人力资源主管，有一定的经验，扪心自问，自己会什么？能做什么？自己有哪些优点？有哪些不足？目前市场上对人力资源主管、人力资源经理的职业要求是什么？自己是否具备？如果条件不具备，如何去提高自己的能力与素质？是否有培训、考证、进修的计划？是到大企业做个螺丝钉，还是去小企业创造自己的天地？给自己的发展做个定位，三年以后会什么？五年以后有什么？十年以后能达到什么？是做优秀的HR，还是做合格的HRM，或是卓越的HRD，或是独树一帜，自起炉灶？有梦想，才能按图索骥！

对于目前企业的现状，是否再与老板沟通，了解老板对企业的看法，是否有改变企业的想法或决心？或以自己对老板性格的了解，老板还是否值得自己去跟随？如果都没有，那么就可以考虑离开了！因为，会做事、能做事的人，做不了事的时候，那种痛苦与失落是无法表达的！

（2）此处不留人，自有留人处。当自己在企业中已找不到存在的价值时，还有什么值得留念！当自己已尽竭尽所能却还不能改变现状时，还有什么值得期待！当自己技能达到瓶颈时，思想仍然保守，得不到新观念洗礼时，还有什么值得执着！当自己无兵可用、一个人在战斗时，还有什么值得坚守！当自己得不到老板的信任与欣赏时，上无授权、中无帮助、下无支持时，还有什么值得奋斗！是时候考虑离开，考虑更换环境，寻找适合自己的平台了！

人在职场，就像西天取经，磨难不能阻挡我们追求梦想的脚步！既然是小白龙，就要遵守规则，改变自我！既然是沙和尚，就要脚踏实地，兢兢业业做好分内的事！既然是孙悟空，就要七十二变，天下之大，何处不可去？既然是猪八戒，就要知错就改、保持乐观的心态！既然是唐僧，就要坚持自己的信仰！切记，山穷水尽疑无路，柳暗花明又一村！

## 03

### 第三节

# 如何设计自己的职业生涯

都说 HR 很牛，我们眼里的 HR 形象是左手三支柱，右手六模块，脑子里想着 BP[①]，听起来俨然天底下最阳光的职业！别人眼里的 HR 是什么形象呢？ HR 落水，同事聚而欲救之。一人说，落水者是搞薪酬的，同事散去一半。另一人说，是搞绩效的，又散去一半。又有人说，是培训的，同事皆散去。猛然有人说，是处理员工关系的，同事蜂拥而回，以石投之。突然有人惊呼，是搞招聘的，众人纷纷跳下将其捞起说：你悲惨地活着吧，这样我们才不会是最底层！

这年头流行职业规划，一言不和就会听到别人说，这位同学，请谈一下你的职业规划是什么？什么是职业规划呢？小时候老师问，这位同学，你长大以后想做什么呢？我想当科学家，我想当老师，我想当医生，这些都算是理想！好吧，这些都是小时候哄老师的，因为只有说高大上的理想，老师才会给你小红花！

有个段子说，如果不想上班，不爱学习，不能坚持，动不动就放弃，不想付出，还很想赚钱，怎么办？专家建议，买个碗，选个姿势，你就是老板！

言归正传，如何规划自己的职业生涯呢？

---

① HRBP（HR BUSINESS PARTNER）人力资源业务合作伙伴。HRBP 实际上就是企业派驻到各个业务或事业部的人力资源管理者，主要协助各业务单元高层及经理在员工发展、人才发掘、能力培养等方面的工作。其主要工作内容是负责公司的人力资源管理政策体系、制度规范在各业务单元的推行落实，协助业务单元完善人力资源管理工作，并帮助培养和发展业务单元各级干部的人力资源管理能力。

### 1. 性格测试。

自己适合什么职业呢？有人参考星座分析，有人参考血型分析，也有人做各类性格测试题，很多问卷有共性，也有特性，得出的结论大同小异，并不是说这些结论就一定是科学的，但是，也没有说这些东西不科学！这些只是参考依据罢了，毕竟当局者迷，旁观者清，自己的有些想法只是下意识的，代表自己性格中的某些特质，这种特质恰好能满足某些工作的需要。

根据性格测试得出职业类型，看看哪些是自己感兴趣的职业，这些职业需要的特质是不是自己测试出来的那些。不是，可以放弃，是，就可以标记，给自己定目标。

我以前经常说，自己的性格不适合做业务，主要是自己脸皮太薄，后来才发现，很多时候没有什么不可能，只是没有被逼到墙角而已！当你无路可退的时候，没有什么事不可以做！

### 2. 目标定位。

根据性格测试或是职业测试得出来的结论只是参考，不管从事什么工作，都要问问自己的内心，自己到底对什么感兴趣？自己存在的意义在哪里？仅仅是为了解决生存问题？还是为了理想与信仰，选择自己喜欢的职业？为了喜欢的职业，能付出什么样的代价或努力？能不能给自己一个努力或是拼搏的理由，这种理由无关其他，只是因为纯粹的热爱。只有出于心底的热爱才会忠于自己的信仰，才能为了心中的那份坚持英勇向前，哪怕撞了南墙，也要破墙而立！

如果你要立志成为一个最牛的 HR，想当一名成功的企业家，想当一名演员等，首先，你要有这个底气喊出你的目标，后面才能按剧本往下演！

所有的目标不仅仅只是目标，它应该是基于兴趣的前提下确定的设想，不是在你衣食无忧的前提下想去做什么事或是想成为什么样的人，而是当你面临生存问题的时候，你还能坚持你的选择，坚持你的兴趣，这样的目标才是你真正意义上的目标！

### 3.SWOT 矩阵分析。

并不是有了目标就直接去做什么事，所谓万事开头难，不打无把握之仗！按照迈克尔·波特先生战略竞争理论中的 SWOT 模型，我们要剖析自己，认清自己！

我们要知道自己的竞争优势在哪里，自己有什么优点？比如学历如何？工作经验怎么样？精通什么技能？善于做什么事？是不是长于学习？适应能力如何？沟通能力如何？等等。

我们要知道自己的缺点在哪里，比如对行业或是某个职业了解多少？自己性格里有什么缺点或是不足？比如说不善于交际，缺少野心，优柔寡断，某项职业技能欠缺等。

我们要知道进入某行业或是做某项工作时，自己的机会在哪里。是有朋友推荐？还是有领导提携？或是自己手中有某项职业需要的技能等？

我们要知道进入某行业或是做某项工作时，对自己的威胁在哪里？竞争激烈？比自己牛的人也在这里混？自己的条件不足？

不会评价自己，就不会评价别人；你不能指挥自己，就不能指挥别人。所以，认清自己最重要，认清自己才是规划自己职业生涯的第一步。

### 4. 目标学习。

自己做了 SWOT 分析后，下一步就是寻找目标作为参照物，也就是目标学习的对象，去研究目标对象是如何成功的，他是如何成长的，他的思维模式是什么，他的每一个时间节点是如何做抉择的，他对这个职业的信仰是什么，甚至他对这个职业的理解是什么。收集这些信息后，就可以去模仿，先模仿，后学习，再追赶，最终超越！

如果觉得选择的目标对象太牛，距离自己太远，可以把目标对象分级，一二三级，每一级选择三个对象，把目标对象从高到低排列，根据这张表来学习与追赶，给自己定时间表，每过一段时间来检查自己的职业素养提升到什么程度。这样 PDCA[①] 循环，才能慢慢地让自己成长越来越快。

### 5.立即行动。

规划方案做得再好，如果不执行，那就等于零。《老子》说："合抱之木，生于毫末；九层之台，起于累土；千里之行，始于足下。"所以，从目标制订之日起，就要给自己制定计划，制定职业素养提升路径图：什么时候学习什么技能，什么时候需要具备什么技能，什么时候应该做到什么职位，什么时候应该具备什么样的职业素养。按照这张路径图来监督自己，只有自己才能对自己负责，别人不负责你的成长！我们去熟悉各种规则，去适应这个世界，然后把自己打磨成我们想要的样子，这就是成长的过程。

生活不仅有诗，还有远方，我们需要的是如何把生活过成诗，如何看到远方，

---

① PDCA 循环是美国质量管理专家休哈特博士首先提出的，由戴明采纳、宣传，获得普及，所以又称戴明环。全面质量管理的思想基础和方法依据就是 PDCA 循环。PDCA 循环的含义是将质量管理分为四个阶段，即计划（plan）、执行（do）、检查（check）、调整（Adjust）。在质量管理活动中，要求把各项工作按照作出计划、计划实施、检查实施效果，然后将成功的纳入标准，不成功的留待下一循环去解决。这一工作方法，这是质量管理的基本方法，也是企业管理各项工作的一般规律。

并到达远方；在走向远方的过程中，或许会有这样或是那样的困难或痛苦，正是我们熬过了这些困难与痛苦，我们才会发现诗的美丽与远方对我们的意义！

所谓心有猛虎，细嗅蔷薇，盛宴之后，泪流满面，手中有剑能千里独行，胸怀四海，方不负苍生！人生不过如此！

## 04
### 第四节

## HR 如何成为业务伙伴

有位伙计是一家中小型技术企业人力资源部的负责人，自认为做了很多实事，却没被老板、其他各部门认可。老板说人力资源部不要闭门造车、整天搞些虚的，要多结合企业实际情况、从业务角度思考解决问题；其他各部门说不要成天想着管我们，要给点实实在在的支持。

这位伙计自认为积极参与各部门会议，与各部门紧密沟通，可效果还不明显。那么问题来了，HR 如何才能做业务的伙伴呢？

我们经常说做 HR 一定要懂业务，于是各种场合，言必称业务，好像没有业务思维我们就低人一等。更有打入敌人内部的 BP，好像只要做了 BP，我们就是参与业务了，看起来就高大上了。

HR 要想成为业务的伙伴，首先就要懂业务！不懂业务，你想成为伙伴就只能是伙同他人来陪伴了！但是，业务不是那么好懂的！

**1. 懂业务不是纸上谈兵。**

一说要懂业务，有些人就要急眼了，嚷嚷着蝙蝠身上插鸡毛——你算什么鸟！只要看几本相关的流程，就能与业务部门谈笑风生，让人刮目相看？其实，还真的不是这样。

有时候，正因为是看了几本书，或是听了一些理论，然后对业务部门的工作指手画脚，开启花样瞎指挥模式，这样多数情况下会把事情弄得更糟糕。你谁呀，凭什么去干涉别人部门的事务呢？

要真正地了解业务，甚至是熟悉业务，光是站在岸上看是不行的，如果你能深入业务部门一线，深刻地观察与了解，甚至亲自去体验业务部门的工作流程，有了这样的基础，能够用业务的思维模式去解决业务部门发生的问题，这个时候才能说叫懂业务，因为你看问题时下意识就会做出业务部门应该有的反应。

比方说在制造业，当生产部门缺人的时候，我们会怎么做？是不是头痛医头、脚痛医脚地去解决人的问题？一般 HR 能做的往往是用最短的时间去招人。如果我们在接到招人的需求时，能与生产部门坐下来聊聊目前人员配置是什么情况？是不是一定需要招这么多人呢？目前的生产计划安排得是不是合理？生产效率还能不能再提升？如果安排加班，甚至是增加排班比例，比如一班变两班、两班变三班这样的方式，能不能解决问题？如果协调其他部门人员暂时顶上，能不能给人力资源管理部门增加一些招聘的时间？如果你在知道销售部提出的订单需求后，计算目前的产能、生产管理效率等，能提前想到一系列的预案。当你拿这些预案与生产部门沟通甚至是销售部门沟通时，你说他们服不服？

以前我也以为所谓的懂业务很简单，我们 HR 群体有着强大的学习能力与适应能力，应付这样的事应该不是难事。如果真正的熟悉业务，就像我们职业生涯规划一样，你需要一段业务经历。如果你经历过业务部门的实际工作，这些事就不是难事了。

如果你只是单纯地在 HR 部门工作，从专员做到总监，虽然看起来纵向经历丰富，但没有横向业务部门的锻炼，这个业务思维还真的不咋地。真的庆幸第一份工作经历对自己的帮助，那个时候对于轮岗有点不理解，觉得亏了，不被领导重视，现在才明白，正是那段经历让自己在后来的工作中底气足，遇到业务部门的扯皮，可以气定神闲地与对方对攻业务知识。不服吗？可以，我们岗位对调走着瞧，敢不敢 PK 一下？不管什么时候，只有你的实力得到别人的认可，你才能赢得别人的尊重。

**2. 业务导向思维。**

如果真的了解业务，或是熟悉业务，或是有过业务部门工作的经历，有些业务部门的语言，我们听到了就不会觉得奇葩。你会觉得业务部门的出发点是为了解决本部门的问题，不会考虑这个人或这件事 HR 会怎么来解决。对于他们来说，自己搞不定的人或事，那就是 HR 的事。所以，这个锅你不背也得背，背也得背。这也是很多聪明的 HR 为什么要给业务部门培训非人力资源管理部门的人资管理套路，目的就在于如果我们自己没有业务思维，或是不懂业务，那么我们就先下手为强，让业务部门来了解我们 HR 的业务。要让他们知道，原来当发生某些事的时候，HR 部门是这样来解决问题的，有些问题不是我们从单纯的业务角度出发就可以解决的，而是会涉及公司层面的各种关系。这样 HR 部门与业务部门就会保持互动，当然这种策略是属于让山过来的办法，而我们自身熟悉业务思维，就是山不过来我过去的办法。

我所理解的业务导向，不是替业务解决问题，而是给我自己解决问题，如果我是业务部门，我也会这么做！如果在一定的条件下，双方能够业务同步，有默契，那才是最好的搭档。就像《亮剑》中攻打平安县城那几集，面对日本的援军从四面集结增援平安县城，丁伟、孔杰全力阻击的决策，正因为他们判断出肯定是李云龙那里搞事情，所以一致决定不惜一切代价阻敌增援。包括后面八路军总部在对敌情进行分析后，也是做出支持并配合各部斗争的决策，这就是业务部门的横向配合，与纵向配合的经典案例。大家都是为了从这场战斗的大局出发，目标都是为了阻敌增援并赢得战斗的最终胜利。

**3. 指导业务才是根本。**

HR 要给自己准确的定位，如果只是成为业务伙伴，这个格局还是低了点，我们要成为老板的伙伴，我们最终目的是服务老板，指导公司业务，这才是我们的价值所在！不畏浮云遮望眼，只缘身在最高层！

我们要自我反问一句，为什么要懂业务？懂业务有什么用？业务部门为什么需要我们懂业务？他们需要我们成为什么样的人？是不是我们成为业务部门心中那样的角色就满意了？是业务部门满意，还是老板满意？所以，我们要跳出业务看业务，要有系统思维，而系统思维的养成需要对公司的流程熟悉，对公司的运营熟悉，对公司的业务熟悉。那么问题来了，又要怎么熟悉呢？比如参加企业管理知识学习，轮岗，参与部门会议，参加业务培训，研究各业务部门的报表与总结并寻找规律；或是交几个业务部门的朋友，能够与你交心或是交流的那种，这样你也可以随时掌握业务部门的动态了！

我们需要研究老板（高管）对各业务部门的定位是什么？需要他们成为什么样的部门？需要他们解决什么样的问题？知道这些，我们就可以跳出业务部门看业务，结合 HR 自身的专业知识，从系统入手，从流程入手，既要考虑大局需要（赢利模式，怎么赚钱），也要考虑部门环境局限（怎么用有限的资源实现高产出）。也就是说，你得与老板同步，然后才是比业务部门多看一步，这样你的立足点才能是指导业务部门的工作，而不是落后他们一步或是半步。对于业务部门来说，你的工作只有超前或是同步，才能与他们在同一个频道上；如果你落后他们的节奏，你的角色也就只能是服务与跟随了。要知道，你照顾别人，别人才对你有依赖，别人照顾你，你就是可有可无了！

我们说懂业务就是三个阶段，第一阶段，看山是山，是墙里花开墙外行人笑，站在业务边界看业务，这是去了解业务；第二阶段，看山不是山，纸上得来终觉浅，绝知此事要躬行，这是深入业务做业务，熟悉业务；第三阶段，看山还是山，要跳出业务看业务，服务业务，指导业务。

HR 成为业务伙伴不是目的，只有既成就了业务，又成就了自己，还能成就了老板，这样才是我们的目标！如果只是成就其中之一或是之二，那样赔本的生意做不得！

## 05

### 第五节

## 人力资源经理应该具备哪些职业素养

前段时间，有个伙伴刚上主管，非常地兴奋，我与她开玩笑说，瞧你那没出息的样子，当主管值得高兴么？她说必须的，她觉得这才是想要的工作状态！原以为这事就过了，没想到一个月后，这位小伙伴就来找我了，各种郁闷！我曾经与她开玩笑说，主管不是你想象中那么好当的！

我们说不经历风雨，怎么见彩虹，很多人只有坐上管理层的位置后，才会理解什么才是人生若只如初见，何事秋风悲画扇！有人说，越是管理层越是好做呢，一朝权在手，便把令来行，多么惬意！我只能说，淹死的都是会水的人，扛责任的都是管理者，责任越大，危险系数越高！

作为 HR 来说，我们给自己做规划，也给别人指点迷津，我们听过很多管理课程，也给别人讲过课，那么一名优秀的 HR 经理，应该具备什么样的职业素养呢？

### 1. 专业素养。

虽说走上管理层，专业技能需求的比例降低，但是降低不意味着不需要，作为 HR 经理，最基本的专业技能必须要具备，至少六大模块要熟悉！而且要精通两个以上模块才行，你在专业上要靠谱，靠谱的理解就是能够用专业技能去解决问题，或是你解决问题的思路要有专业性！

作为 HR 经理，除了具备基本的人力资源管理理论，我们还得具备一些企业管理的专业素养。因为企业管理是一个系统，HR 部门也只是这个系统中的一个部分，要想更好地发挥自己部门的职能作用，就要对其他部门有所了解，至少知道其他部门是如何运作的。这样，我们 HR 部门才能与其他部门配合得更好，或是更好地为其他部门服务。

### 2. 职业素养。

是不是掌握了专业技能就一定能做到 HR 经理呢？肯定不是，但是每一位 HR 经理一定是掌握了一些 HR 的专业技能。如果我们只是习惯从专业角度去思考问题、解决问题，那么很多问题都不会按着我们的意愿去解决，因为很多事情不是仅靠专业就能解决的。所以，我们需要从其他方面来提高 HR 经理的职业素养。

（1）中庸法则。HR经理作为部门的负责人，如何管理本部门的员工呢？如何对本部门进行选用育留呢？作为部门的第一负责人，手中的资源毕竟有限，怎么去分配给下属？如何调动他们的积极性？如何去给他们创造利益？或是如何把现有的蛋糕分好？古人说："圣人之所以为治道者三：一曰利，二曰威，三曰名。夫利者所以得民也，威者所以行令也，名者上下之所同道也。非此三者，虽有不急矣。"在HR部门内部，HR经理又如何处理利益、权威、名誉三者关系？古人又说："凡治天下，必因人情。人情者，有好恶，故赏罚可用；赏罚可用则禁令可立而治道具矣。君执柄以处势，故令行禁止。柄者，杀生之制也；势者，胜众之资也。"所以，我们才说会做蛋糕的不算本事，能做蛋糕又能分蛋糕而且还分得让人满意，这才是高手！

作为HR经理，也必须要学会讲中庸，HR经理本身应该是老板的参谋之臣，或是左膀右臂，很多老板不方便出面的事，必须由HR经理出面来解决。但不是说HR经理出面就是彻底地扮演坏人，也不是说HR经理出面就完全按老板的意图去执行。这就需要掌握一个尺度，就是如何既能照顾老板的利益，又能考虑其他人的需求。这是个艺术问题，唯老板马首是瞻没错，但是不能无底线。古人讲究中庸之道，既不左也不右，讲究和谐，求同存异，交好君子，不得罪小人！

（2）沟通能力。作为HR经理，沟通能力是必备要素，六大模块块块不轻松，上传下达要沟通，左右逢源也要沟通，部门内部安排工作，跟踪指导都需要沟通！作为HR经理，不管什么时候，你都要有泰山崩于前而色不变、麋鹿兴于左而目不瞬的心境，要控制好自己的情绪，才能去解决问题。

有些HR经理，别人两句过激的话一说就激动，沟通起来就不欢而散，这样不行！也就是说，我们需要通过自己的沟通去懂领导的需求，懂下属的需要，懂同事的希望，这些都需要靠沟通能力去解决！而好的沟通能力又能在解决问题的时候起到事半功倍的作用，我们可以去化解别人对立的情绪，也可以让自己成为一个受欢迎的人，更可以快速地建立一种同事间的信任。如果作为 HR 经理，你不能打破职场的沟通障碍，你的职场之路注定不会一帆风顺。

（3）有信仰。作为 HR 经理，已经算是成熟的职场人士，那我们的未来在哪里？我们为什么要选择这个行业呢？我们的初心是什么？可能刚开始的时候大家因为种种原因选择这行，但是做到经理位置以后，我们就需要考虑，我们在这行到底是为什么而工作？我们存在的价值与意义在哪里？我们需要用什么样的状态去工作？我们如何才能把这个职业重新定位，我们如何做到最好的自己？这些问题想明白以后，你会发现，原来现实与我们想象中的还有很多差距。面对现实，是坚守？还是放弃？是妥协？还是负重前行？人要是没有理想，与咸鱼有什么区别？

作为 HR 经理，我们需要给 HR 们做一个榜样，我们需要告诉他们，HR 这行不好做，做好也很难，但是，不管何时何地，我们都会陪在你身边，做你们路上的导航灯！如果有需要，我们会扶你上马，送你一段；如果你们不需要，我们迎风站立，目送前行。哪怕让我们做你们的垫脚石，只要你们热爱或是能把这行做好，我们也是甘之如怡。

（4）懂韬略。作为 HR 经理，你如何保住自己的位置？你如何躲过别人的明枪与暗箭呢？谁不是戴着面具与别人周旋呢？无论是先下手为强，后下手遭殃，还是后发先至，都是轻轻地我来了，正如我悄悄地走，我挥一挥匕首，不留一个活口。现实就是这样，竞争与合作的前提是建立在共存基础上的，"卧榻之侧岂容他人酣睡"不是那么容易喊的！所以，不要喊，春有百花秋有月，夏有凉风冬有雪，若无闲事在心头，便是人间好时节！有那份闲心，看看书，提升一下自己的修养与韬略，提升一下自己的格局与胸怀。

（5）能忍耐。很多时候，不是我们想怎么样就能怎么样的。身为HR经理，也有很多事情是超出我们能力范围之外的，特别是我们在一家公司，会发现很多套路不是我们想象中的那样。我们要改变，想规范，但是，等我们做了后，才发现原来自己的力量是那么的单薄！这个时候怎么办？放弃？不是我们的风格！很多时候，我们只能选择坚持，先要占好位置，然后再去熟悉环境，积蓄力量，等待时机，然后选择最好的机会出手，一击必中！这个忍既指保护好自己与能够做事的人，又是指创造条件，潜移默化，等此消彼长。一个字，忍！

（6）大局观。所谓大局观？就是要有系统思维，要有全局意识，要知道自己该做什么，不该做什么，要知道领导在想什么，要知道领导需要做什么！我们说观音才是最好的总监，她组建唐僧团队，确定取经人选，并在取经过程中帮助唐僧团队解决问题，这些都是如来欣赏的行为，这就是大局观！

很多HR经理辛苦做事，却得不到领导的欣赏，只是因为他做事的姿势不对。我们不要苦劳，我们需要功劳，我们不要做自己心中认为自己应该做的事，我们需要做领导心中想做的事！要知道，好钢一定要用在刀刃上，如果HR经理作为领导的助手与参谋，眼里只有一城一地之局限，你永远也成不了领导的帮手！因为你的领导需要的是与他格局相同的人，领导需要的是与他互为补充的人，领导需要的是能够主动承担某种责任、主动解决某些问题的人，而不是算盘珠子，拨一下就动一下。

HR经理不好当，这是风一样的男子，神一样的职业。每一个HR经理心中都住着一个姜太公，但是，如果你手中没有封神榜，就不要想着封神的事！

每一个老板都希望他心中的HR是一位盖世英雄，总有一天会驾着五彩祥云，身披金甲战衣来帮助他成就伟业，立不世之功。但是，如果你手中没有金箍棒，不会七十二变，又如何笑对八十一难呢？

# 人力资源哪个模块最难做

人力资源管理包括六个模块，每个企业根据自身的发展情况，对人资工作的侧重点均有不同，但总的来看，绩效管理总不尽如人意，培训工作也难有起色，资源规划又形同虚设，招聘工作常手忙脚乱，薪资福利更苦乐不均，劳动关系管理也困难重重。所以，很多 HR 经常会感到困惑和彷徨，到底哪个模块最难做？

我个人感觉，还是绩效管理最难做，说难做，并不是单指纯技术问题，而是难在技术之外的问题。这种问题有些不是掌握了理论与专业知识就能解决的。

为什么说绩效管理最难做呢？有几个因素要考虑：

### 1. 老板支持力度的问题。

我们都知道，好的绩效管理，到老板那里，就变味了，打着选用育留的名义，做成加减法的杠杆了。

有些老板就是简单粗暴，不谈专业，我们就谈怎么把钱多的变成钱少的就行了。少数不差钱的老板也会考虑，怎么把钱少变成钱多的。这个时候，绩效管理就是一种利益再分配的工具。

那么问题来了，老板是做蛋糕的，我们 HR 是分蛋糕的，怎么分才能既让员工高兴又让老板满意呢？这个非常难，多数情况下是让老板高兴，员工憋屈，所以，这个绩效管理最终肯定完蛋。

我们说，刘邦与项羽就是两种不同类型的老板，我们说当初韩信手握重兵在外时，打了几个胜仗，写信给刘邦要求封假齐王。刘邦看到信后鼻子都气歪了，后来张良与陈平的暗示下，刘邦就说瞧你那点出息，不就是个齐王嘛，干吗要假齐王呢，要给就玩真的……

项羽做西楚霸王时，手下的兄弟们打了胜仗，自然要兑现当初的承诺呀，有福一起享了。结果项老板就有点不地道了，口头上说好好，象征权力的大印在手里玩了好几天，就是舍不得给人家……

两种老板，不同的格局，就会导致不同的结果，同样，对于手下的谋臣来说，再好的建议，老板不听，那就是张废纸。你可能只是定一些制度，对老板来说，那些制度就是钱，就是利益，他要是不点头，他的利益谁都不能动。谁动谁死。


## 2. 平均主义的问题。

有些企业呢，做绩效不专业，当然也不能说不专业吧，毕竟企业文化，老板思想观念、管理层的意识等等有局限。在设计绩效管理制度时，地基搞歪了，自然房子也跟着歪。在操作过程中，大家都怕得罪人，特别是有些企业，本来关系户就多，领导也不好当，要么轮流做做，要么大家都一样，就是有利益大家一起来，尽量规避风险。这样的绩效管理，说白了就是形式。大家闭着眼睛玩了，一直玩到这件事废了为止。那样大家的目的达到了，老板看到这个效果不行，也就不说话了，或许是有心无力，他自己都解决不了的问题，自然别人也解决不了。

### 3. 指标设计不合理。

都知道玩绩效管理，需要定量与定性相结合，这个点是正确的，但是怎么来设计绩效中的指标呢，有些人直接拿书上的知识来套，或是时髦的观点与方法来验证，结果弄不好就是驴唇不对马嘴了。

还有呢，就是找不到问题的关键点，看似罗列了一堆指标，实际并不能解决任何问题，或是该解决的问题没有解决，不需要改善的问题过分地被强调。我们说，如果公司需要解决的问题没有得到解决，你部门或是个人做出的成绩还是成绩吗？大河没水了，小河还能满吗？也就是我们常说的，公司战略目标没有分解到具体部门，具体部门的战术动作与战略方向不一致，结果自然是，部门得利，公司受损。这样的结果，稍微聪明点的老板也不会再继续玩下去了。再玩自己就输得裸奔了，员工换个地方照样穿新衣服，老板又不傻。

### 4. 缺少员工参与感。

很多时候，管理层都认为绩效管理这样的事，哥几个在一起做做决定好了，用不着那帮老伙计参与。有了这种思想，自然连最基本的仪式与形式都没有了。

现在的员工追求个体意识，再也不像以前了，领导说啥是啥。现在的员工是领导不说啥要上天、说啥也不理的节奏，这样的绩效整出来，也只能是呵呵了！员工有情绪，不配合、不理解都正常！如果绩效管理过程中，员工缺少最基本的知情权与参与权，员工不知道这件事的目的是什么，他们需要做出哪些努力，或是他们从这件事中是否能得到利益，接受这样的管理，能不能换来自己想要的进步或是成长。如果答案是否定的，只是管理层单方面的管控与约束。这种事最终肯定是不讨好。

### 5.绩效管理中的激励问题。

我们说绩效管理需要达到管理目的，或是让员工有计划地成长。但是，你承诺的东西，是不是别人想要的呢？不是，这个就不能玩下去。是，那么问题又来了，这种利益别人能不能看得见、摸得着，还是只能看看，永远摸不着？这就尴尬了。

你玩绩效管理，不可能只注重短期的行为，应该看重长期的效果。但是无论是短期的还是长期的，是不是都要与公司的发展目标相一致呢？如果只是走一步算一步，那能走远吗？

我们累死累活地玩绩效管理，到底是只让一部分人先富起来呢，还是让一群人都富起来呢？这个肯定有主有次，如果大家不但不富，而且还变穷了，这样的游戏谁还愿意玩下去呢。

所以说，绩效管理，既要做加法，也要做减法，问题的关键就是把加法做得恰到好处，把减法做得适可而止。做不到，趁早别做。加法做多了不行，减法做多了也不行。

我们说，绩效不好做，做得好会死，做不好也会死，不是被绩效考核的人都死了，而是做绩效管理的你死了。这里面涉及太多，需要老板的支持，格局，魄力，也需要同仁的理解、配合、支持与信任，当然还需要企业的文化包容与员工素质的提升等等。但是，现实中这些因素多数是不健全的，这就像正常人都不一定能健康长寿，何况一个重病患者呢！

# 07

第七节

## 懂韬晦的 HR 才是好 HR

HR 需要懂韬晦吗？需要文韬武略吗？可能很多人都不屑这样的话题，毕竟我们都希望在一套既定的规则内玩游戏。自古以来有人的地方就有江湖，有些事，你不玩，不代表别人也不玩，HR 本身就是玩人的活，要么你玩别人，要么等着被别人玩了，表面上我们都希望我们堂堂正正做人，老老实实做事。但是很多口号掩盖的却是我们让人眼花缭乱的手段。

HR 这个岗位比较特殊，看似风光无限，什么都管，实际上离开老板的支持，我们就是个空架子，是什么权力也没有的部门，更多的时候我们是执行部门，是贯彻老板意志的权力部门。我们作为老板与员工间沟通的桥梁，又如何用好自己手中的权力，或是最大限度地保护自己呢？再退一步讲，职场并不会因为你不玩规则，就变成别人真诚待你的地方。

古人说，知权而不知经，近似于奸诈，终必失信于众；知经而不知权，则必陷于迂腐，无异于画地为牢。

韩非子说，权不可假手他人，这也是封建社会皇帝进行中央集权的理论基础，做老板的都喜欢独断专行。这个时候，如果我们 HR 拎不清，去向老板提建议，说这不行，那不行，就等于是往枪口上撞，多撞几次，你也就没有机会去撞了。我们应该做的就是顺势而为，老板说啥，就去做啥，毕竟人家是发工资的大爷，人家发工资的都不怕，我们拿工资的还怕什么呢？

再比如说深藏不露，有的老板就是这样，所谓三年不鸣，一鸣惊人。我们很多时候都认为老板不怎么的，好像这也不懂，那也不懂，然后我们自己就在背后瞎议论。其实，老板比我们懂，他才是企业最好的 HR，什么人能用，什么人不能用，他比我们清楚，只是他不说，看我们有没有悟性罢了。别指望什么事老板都手把手地教你，对不起，伙计，老板不是你的老师。HR 是离老板最近的人，要重视你的老板，仔细去研究他的思想与行为，才能及时地与他保持一致。

有些人，特别是管理层，我们以为人家是靠关系或资历上位的，认为人家不懂管理。醒醒吧，能够坐到管理层的，有几个是省油的灯呢？别以为别人都比你傻。

把别人当坏人，这个好理解，人之初，性本恶，这是法家的理论。我们 HR 在研究各种制度的时候，并不是从员工都是好人的角度出发的，而是本着员工都是"坏人"的角度，想尽一切办法去预防制度的漏洞，甚至逢人只说三分话。如果你对所有的人都很热情，满公司大嘴巴瞎嚷嚷，该说的不该说的都往外说，看你的小命还能保多久？

再比如说在老板的正确领导下，推行各种所谓的企业文化，就是靠 HR 去忽悠员工。你明知企业这不好，那不好，你能傻傻地对员工这样说？你不能，你说了，可能你就完蛋了。你得对员工说，困难是暂时的，前景是光明的，公司正在着手这方面的研究，未来要解决这些问题，或是你在培训时就得好好忽悠员工，公司怎么样好，公司有什么健全体系。

再比如说关于拍马屁的问题，领导也是人，也有七情六欲，他也需要有人吹，有人捧他。哪个领导都希望自己高高在上，希望自己英明无比。要是作为下属的不明白这一点，隔三差五地对领导说，你这样做不行，那样做不合理。用不了多久，领导对你的看法就会改变，这谁这么不上路子呀？所以，领导身边从来不缺少拍马屁的人，你认为别人能力不如你，但是为什么有些人就是没本事，偏偏受领导信任呢？人家会伺候领导呀！领导才是大王，有权决定你在企业或是部门中的位置。别指望所谓的靠才华吃饭，那是别人吃剩下的饭才轮到你。

HR 经常与人打交道，要是摆着一张别人都欠你八万块的脸，谁还和你好好聊天呢？特别是在跨部门沟通、处理员工关系时，该拍还得要拍。把别人拍高兴了，才能在别人放松的时候，提出我们的看法。这样人家才会给你面子，考虑你的一些观点。这才是随风潜入夜，润物细无声。

干 HR 这行要明白，用专业能解决的问题毕竟是少数。很多时候，为了更好地解决问题，我们别无选择！比如说韬晦之术，张居正说，廓然怀天下之志，而宜韬之晦，牙坚而先失，舌软而后存，柔克刚而弱胜强，人心有所叵测，知人机者，危矣，故知微者宜善藏也。

什么意思呢？就是说胸怀匡扶天下之志向的人，应该隐藏起自己内心的抱负，牙齿坚硬却最先失去，舌头柔软却能一直保存到人死。柔能克刚，弱能胜强，人心无法预测，知道别人心思的人往往最危险，所以能洞察别人先机的人要注意隐藏自己知道的。看过《三国演义》的人都知道杨修就是死在太聪明上了，聪明到曹操所不容。

我们做 HR 的也一样，离老板近，可能比别人更有机会接触老板，甚至知道老板的秘密，怎么恰到好处地表现自己就显得特别重要，比老板聪明行不行？有时行，有时不行，比老板笨就一定好？有时好，有时不好。太聪明，老板认为你不容易控制，太笨，老板认为你能力不行，所以这个度一定要把握好。这也是我一直说的，做 HR 要做孤臣，只服老板一个人，得罪了所有人就是都不得罪。你让老板意识到，老板是你的唯一，你就安全了。

第二章

PART 2

招　聘

## 01

### 第一节

# 面试之修炼强大的内心

作为 HR 从业者，很多时候不是在去招聘的路上，就是在去面试的路上，很多走上 HR 这条路的伙计，都会把招聘作为进入 HR 这个职业的入门砖。现实不管是传说中的金三银四，还是金九银十，HR 可能一边充当面试官，一边充当求职者，"学成文武艺，货与帝王家"是每个有理想的 HR 的追求，毕竟没有人甘心平庸！

记得一个朋友问我，在面试过程中应该怎么表现才会得到面试官的欣赏呢？每当这个时候，我就跟对方开玩笑说，别紧张，也别焦虑，平常心就好了。是你的，跑不掉，不是你的，想多了也没用！其实，说到底就是心态的问题！

我们不能光说不练，那样就是"坐观垂钓者，徒有羡鱼情"。那么问题来了，如何才能修炼强大的内心呢？

只要踏上面试的路，就会面临四个结果。第一种，面试官征服你，你发自内心地欣赏面试官，认为从他身上能够学到知识或是你想要的技能。这个时候，你不会在意条件，你决定跟他混。第二种，面试官征服你。虽然你欣赏面试官的实力，但是你的表现差强人意，或者你不是面试官期望的类型。这个时候，你出局，他不要你。第三种，你征服面试官。你的表现赢得面试官的认同，公司的相关条件也符合你的要求，你选择公司的平台，你跟他混。第四种，你征服面试官。但是，公司不能提供你想要的平台，或是你对企业的文化不认同，最终你选择放弃，你不要他。不管怎么说，我们已经有50%的胜利在握，我们还有什么好怕的呢？

我们在面试时，不可避免地要与面试官单挑。普通人的心理，都会想着表现好一点，因为我们的命运掌握在面试官手里。有了这样的想法，可能就会担心，或是放不开，不敢去表现自己，而放不开又会影响到自己的发挥，弄不好就是鸡飞蛋打，得不偿失。那么在面试前或是面试中，我们需要如何做，才能让自己自信起来呢？

### 1. 相信自己是优秀的。

很多人在面试的时候对自己缺少信心，或是自己准备不足，或是担心自己表现太过让面试官忌惮。毕竟没有人愿意选择一个能力过强的上司或是下属。不管是哪一种情况，都会影响自己的发挥，而这种影响又会间接影响到面试官对自己的评价，甚至让自己出局！

每个人都是独特的个体，每个人都有自己的优点，天生我才必有用，我们都是黄金，只是有时候没有放对位置。我们之所以来面试，就是来找位置的，不是给自己来镀金的。所以没有必要看轻自己，别人能做到的，你不一定能做到，你能做到的，别人也不一定能做到，这样想就对了。我们要有欣赏别人优点的能力，同时也希望别人认可自己。你本身就是黄金，并不会因为你落在泥里就是土疙瘩。

### 2. 告诉自己不是来学习的。

我们在面试时之所以患得患失，是担心万一别人不认同我怎么办，甚至有时候还傻傻地说，我是来学习的！如果你是这样的求职者，你就把自己看低了，你既然是来学习的，别人凭什么要给你机会呢？肤白貌美气质佳？还是才高颜好人品强？切，别人可不是那么肤浅的人，只看这几点？不，人家会看好多点！我们就是要自信地告诉别人，我们是来给你创造价值的。不用我不是不行，但是不用我，一定会是你们的损失。既然损失的是你们，凭什么我要提心吊胆的，这不是想多了嘛。

面试的时候，其实是一个互相征服、互相欣赏的过程，只有我们自己表现出足够的优秀，别人才会尊重你。我们要相信，并不是每一个面试官都是武大郎开店——不用比自己高的人。

### 3. 告诉自己就是来学习的。

为什么又要对自己说是来学习的呢？此学习非彼学习，前面的学习是指入职后学习经验等，现在的学习是指面试过程，摸着自己的良心说话。面试嘛，心里还是想着被录用，即使不被录用，我们也得从面试官身上学点东西，有什么自己不明白的，尽管问面试官。来都来了，雁过得拔根毛才不亏！反正以后我们会当面试官，不如看看面试官的反应，看他们是如何面试别人的，看他们的耐心，看他们待人接物的态度，思考他们分析问题的思维模式，甚至看他们对求职者的点评如何等等。总之一句话，难得的面试机会，我们不能入宝山而空回。

用王阳明的一句话就可以概括，此心不动，随机而动。我们先要放空自己，因时因势因人而动，根据不同的对手、不同的环境甚至不同的时机来展示自己的风采。

我们既要在意结果，又没必要过分在意结果，享受过程就好了。只有弱者才会介意别人对自己的评价，强者从来都不需要考虑别人的想法，因为别人的想法永远只能是别人的想法，强者的世界与外人无关！

# 面试之回答问题的技巧

前段时间，有个朋友找我吐槽说有次面试的时候，面试官问的问题让自己很无奈，自己是左闪右躲，但是还是架不住面试官的套路，感觉非常的憋屈。我安慰她说，面试嘛，本来就是斗智斗勇的过程，侦查员杨子荣干掉坐山雕是什么套路？智取威虎山！

面试还像打仗，两军交战，未战先怯乃兵家大忌。孙武先生说，兵者，诡道也。面试也一样，你不能让人一眼就看穿，那样就不好玩了。所以，孙老师才说，善攻者，敌不知其所守，善守者，敌不知其所攻。出其不意，才能克敌制胜。

都知道面试官不好对付，狡猾的狐狸遇到好猎人，谁胜谁负还真不好说。有可能你以为胜券在握时，弄不好就是没逮住狐狸反惹一身骚，这个就跌份了。城市套路深，悟空他姓孙，怎么才能套路面试官呢？

我们不知道面试官是什么层次，所以我们要看面试官是谁，根据面试官的层次来选择不同的回答问题的技巧。不管谁是面试官，肯定都有套路了。通常我们需要面对的面试官分三个层次，每个层次都有与之对应的方式。

## 1. 低等式面试官。

龙游浅水遭虾戏，虎落平原被犬欺。每个公司的面试流程不一样，有些公司就是喜欢非对等接待。你面试经理，对方公司弄不好就让一个专员来面试你，意不意外？你失不失落？不是一个层次上的交流，有些话就不能瞎说，你以为自己回答得很牛，实际上在对方眼里，你不过是个吹牛的货色，你与井里的青蛙谈辽阔的大海，能聊到一起去吗？对于此类面试官，我们需要点对点式地回答问题，就事论事，眼界不能高，以解决问题为主，加一些实际的操作流程与方法。这样才能赢得对方的好感，让对方觉得：哇，这个人什么都会。当然，为了适当表现一下自己的深度，只能偶尔或者在关键问题上拔高一下看问题的层次，要让对方觉得你有两把刷子！

此处有几个问题需要注意：

你需要注意自己的态度，不能表现出傲娇。

你需要展示自己的胸怀，最好是包容性，让人觉得你容易相处。

你还需要在回答问题的过程中，适当表现一下自己对于别人的请求与帮助，还是非常乐于接受的。

为什么呢？因为你有可能就是面试官的上司，如果面试官觉得你这个人不好相处，有可能你就没有机会复试了，他会给你穿小鞋，你的游戏就结束了。

## 2. 对等式面试官。

你去面试一个岗位，对方派出面试官的级别与你相等。不要小瞧天下英雄，天下英雄绝不止使君与操耳。所以，面试过程中的一些问题，你需要注意尺度与深度，根据你的级别来回答问题。如果你是管理者，你在回答问题的时候，就需要从管理者的角度来分析问题与解决问题，就不能在就事论事的纯战术层面来交流了。因为你的对手也不是省油的灯，你需要拿出与你身份对等的气势出来。你可以赞同对方的一些观点，在此基础上适当补充你的见解。

有时候对方会拿出一些实际工作中存在的问题来测试你。这个时候，你可以去猜测对方的意图。结合你的经验，你可以从流程规范去阐述，也可以从策略上去回答，还可以简单粗暴去解决问题。

这里需要注意的是：你不能表现过低水平，也不能表现超高水平。

在面试过程中，根据面试官提问的各类问题，去判断面试官的实力，然后回答他们心中想要的答案。（比如，对方说理论，你就用理论对攻，对方讲实操，你就用实操来化解。）

### 3. 高等式面试官。

我们去面试的时候，有时候接待我们的面试官可能是高管，也可能是我们的上司，更有可能是公司的老板，这个就是高规格面试官。

对于这类面试官，你用点对点式，或是纯战术性回答问题的方式已经不能引起对方的好奇心了。你需要拔高自己的高度，从战略角度来回答问题。不管对方提出什么样的问题，你都需要先画个一圈，再去铺满每个点，就是先确定战略高度，再指出具体的战术方法。这样才能征服老板，让他们听了以后，发出感叹：是他，是他，他是我的英雄小哪吒。

这里也需要注意：你不能婆婆妈妈絮絮叨叨地扯个没完，要往要害上捅，就像打蛇打七寸一样，一招制敌。

还有在答题过程中，一定要注意全局，展示你的大局观，这个非常重要。

有人说你说的这些太虚，有没有最简单的套路？这个必须有，遇到不会的，战略性问题用战术来回答，遇到战术性问题用战略来回答，就是不按套路出牌，先三块板砖把对方拍晕再说。此处必须提醒各位伙伴注意，如果生搬硬套，招式太老，后果自负。我们先挑一些常见的问题来聊聊技巧：

### 1. 关于工作经验问题。

我们在面试的时候，经常会面对面试官一张42码的大长脸，还有怀疑与挑剔的眼神。他们盛气凌人地说，伙计，这个岗位需要行业经验，你缺少这方面的经验……

我们可以这样回答，我认为无论是技能或是管理都是相通的，我相信我有快速适应角色的能力。您对工作经验的担心我表示理解，但是，我个人的想法是，纯工作经验只有贵公司这个部门从事这个岗位的人才具有，别人的工作经验也只是在别的公司积累的。别家的葫芦到贵公司不一定就能制成瓢，有时候，他们可能陷入思维定式，反而会把事情做得更糟。打脸不？这个回答是不是没毛病！

### 2. 关于自身缺点的问题。

相信这个问题，很多面试官都会问到。如果你像哈士奇一样傻乎乎的啥都往外喷，这就坏事了；当然你也不能什么都不说，那样显得没有诚意。

你可以适当挑一些不伤大雅的小问题，或是某种角度还可以理解为优点的缺点来说说。同时，你还可以谈谈对缺点的认识，从侧面告诉面试官，你非常了解自己的优缺点，并能扬长避短。看，这样的回答属于狡猾式的诚实，还是容易让人接受的。

### 3. 关于为什么选择公司这个岗位的问题。

与什么样的伙计合作会让人感觉到靠谱呢？能力强的耍流氓态度不如有备而来的诚意！所以，你可以说，经过我的了解，贵公司所在的行业如何有前景，通过贵公司网页或是其他渠道的了解，贵公司有着优秀的企业方化，重视人才培养的习惯……我认为这项工作非常适合我，我对这个工作非常感兴趣……

### 4.关于入职后如何开展工作问题。

有时候确实有些面试官会用这样的问题来考察你的逻辑思维能力，或者是考察你适应工作的能力，如果你胸口碎大石、满嘴跑火车地瞎扯，有可能就中了别人的套路了，别人会认为你这个人拎不清。

通常对这类问题的回答可以说：如果我入职了，我会先了解这项工作的具体工作标准与流程，询问领导对这项工作的具体要求或是期望，然后再花一些时间来熟悉工作，再制作中短期工作计划报领导审核，选择突破点来开展工作，确保工作稳定、持续进行。

### 5.关于工作压力问题。

作为求职者，如果没有被问过这样的问题，那么可以肯定，你一定是遇到假的面试官！不管别的面试官如何，反正我以前经常用这个问题去测试求职者！一般问这样的问题，潜台词都是，亲，我们这里坑深，你跳之前要想清楚了……

我们可以这样说：工作压力哪里都有，只要你想认真做点事，就不可避免地遇到压力。我想哪里有压力，哪里就有动力，我一向喜欢把压力作为突破自我的动力。我相信，给我一些压力，我会表现得更加优秀。

### 6.你喜欢什么样的领导，或是你喜欢什么风格的领导？

这个问题就是个坑，面试官有可能是你的上司，他会在心里等着你的答案，看你是不是他的菜，或他是不是你的菜。

这样的问题，我们可以讨巧地说：每个人都有自己的风格，作为下属，服从命令是天职。从我的角度来说，我会感谢我遇到的每一位领导，因为正是他们的赏识，我才有进步的机会，正是他们的指导，我才会得到成长。

我相信，不管遇到什么样的领导，我都会怀着感恩的心去工作，更相信通过自己的努力，让领导放心交给我工作。

### 7. 关于离职原因的问题。

面试过程必问的问题，回答也要有技巧，面试官想知道你所谓的离职原因，会不会在这家公司复制。有的伙伴会说，我给你来个绝的，我离职是因为上家公司关门了，这个回答最好不要说，碰到有些讲究的面试官，他怕你是扫把星……所以，这个问题不能说得太细，更不能说什么太累、领导太笨、老板太坏、环境太差、同事都是笨蛋等等具有主观色彩的描述。那样会让别人认为，怎么都是别人的问题，你自己就没有问题吗？这孩子不诚实！

我们可以往好处说，比如：感谢原公司对我的培养，说实话，对于离开原公司，我真的感到非常遗憾，但是，因为市场与个人职业规划等综合原因，我只能告别原公司，我希望能遇到更适合我现阶段能力的平台等等。就是让人感到你的真诚，不回避一些个人的主观原因，但是又要走心。

说到底，面试中回答问题的技巧并不是一成不变的。我们需要套路，也需要走心，真诚与谋略齐飞，套路与实力并存才是王道。

## 03
第三节

# 与面试官谈薪的技巧

前段时间，我徒弟打电话给我说："师父，我要去面试了，我对这家公司与那个招聘的岗位了解过了，对方发布的薪酬比我的预期略低一点，我可以争取吗？"

我告诉她说："当然可以，不然你干吗去了？不敢谈？瞧你那点出息！"

我告诉她一些技巧或是方法！也不能怪她，对于跳槽的或是将要跳槽的伙计来说，面试过程中对薪酬问题的感觉，那是小猫枕着咸鱼睡，睡得着才是见了鬼！如果靠脸吃饭，我们有信心养活几亿人，但是用钱吃饭，那是兜比脸还干净。面试的时候，谈钱是不可回避的话题。有的人面试完了，出门才发现忘记谈工资了，或是人家工资条件一摆，就没脾气了。

下面我们先挑一些常见的问题来聊聊技巧：

**1. 关于税前与税后的问题。**

谈到工资的时候，面试官会报出一个综合工资，我们可以理解为是税前工资。各位看官请注意，不要错把税前当税后，这年头只有错买，少有错卖呐。

我们在谈工资的时候，心里的小算盘要算准了，税前应该是一个什么数字，税后又该是一个什么数字。当面试官报出一个数字的时候，你要及时跟他确认一下，到底是税前还是税后，这样才能知道与你的期望差多少？如果人家多给，那就什么也不说，公司需要我，跟你了；如果人家少给，这个时候就可以说，我认为我值这个数，你要给出你自己的数字。

有人会说，万一我报高了怎么办？等对方报出一个数字后，你可以拆分工资构成，比如说，每个月房租水电多少钱，交通费用多少钱，伙食费用多少钱，还有基本零用钱，再加上七姑八叔二舅老爷的小闺蜜等应酬费用。这样一算，不好意思，您开出的工资，我还需要每个月倒贴多少钱来上班，我觉得这不科学……税前与税后工资一定要弄清楚。海燕呐，你可长点心吧！

**2. 关于工资构成的问题。**

我们在面试的时候，特别是面试官报出一个数字的时候，有没有一种小心脏乱跳的感觉，这个薪酬我满意。先别急着高兴，你知道这个数字背后的含义吗？

我们在谈薪酬的时候，别像刚过门的小媳妇一样，扭扭捏捏，见个街坊邻居就脸红。大哥，妹子，这是做生意呢。你卖的是智慧与时间，对方才给你合理的报酬。所以，我们要弄清楚这个工资的结构：是纯工资，还是基本工资加岗位工资；有没有绩效工资，如果有，比例是多少；还有没有其他浮动工资，工资发放方式是什么样的。不要别人告诉你说，月薪1万，聊了半天，每月基本工资3000元，7000元是绩效工资。然后绩效标准一说，你在心里算算，能不能拿到6000或7000都是未知数。这个就是典型的好看不好吃！

再比如说，月薪1万，但是，每个月只发7000元，剩下的3000元年底一次性发……伙计，万一中途混不下去了，这部分钱可能就打水漂了。

在谈薪酬的时候，工资结构与发放方式一定要弄清楚，如果不能接受，就不要委屈了，把自己的疑问或是想法说出来，该争还是要争取的。主动权既在你的手里，也在对方手里。如果你不去这家公司就不能活，你也可以矫情地让步；如果你在面试官心中的价值高，对方还是会适当给你改变一下游戏规则的，但是这个规则变化不会太大。

### 3. 关于福利争取的问题。

如果自己对这家公司非常感兴趣，想去又因为工资问题不甘心，这个时候怎么办？这个时候就是一种心态，瞎子打枣，有没有先打一竿再说。我们可以把主要矛盾从工资往次要矛盾福利上转移。

关于工资的问题，最好是在最后要结束的时候来谈，一般倒数第二个问题比较合适，毕竟最后一个是留给诸如什么时候来上班，或是有没有什么要了解的问题。之所以选择倒数第二个来谈，因为这一切都是基于在前面聊得比较投缘，特别是在工资不能满足的前提下，最后提一些小的要求，对方会容易让步。此时不开口，那才是死心眼。

我们可以提餐补呀、话费补贴、交通补助、住房补助，甚至假期等等都可以提，谈判这种事就像钓鱼一样，谁心急谁就输了。

我们要抓住一种心理，面试的时候如果自己表现好了，而对方工资的权限又没有让步的空间，那我们就要让对方有一种补偿与亏欠的心理，当然这种亏欠的心理是建立在对方对你感兴趣的前提下，这样对方才会在福利上做出一些让步。这种亏欠心理气氛的营造归根结底还是靠你在面试时的充分发挥，你表现越好，对方让步的空间越大。如果你表现不好，天黑请闭眼，洗洗睡吧……

当然，关于谈工资的这个事，确实有点小麻烦。猪肉不会卖出白菜价，白菜也不可能卖出猪肉价，毕竟谁都不傻。

下面我们先挑一些常见的问题来聊聊技巧：

### 1. 关于谁先开口的问题。

面试的时候，面试官会从求职者的简历上，以及求职者填写的应聘人员登记表上看到求职者填写的期望月薪。但是，面试官在面试过程中都会装傻当作不知道，还是会问求职者对于月薪的要求，或是故意不去问。

如果面试官问关于工资的问题，我们有两个数字可以报，一个数字是自己的期望月薪，一个数字是该招聘岗位标准的130%~150%。当然了，别一口价报出该职位薪酬标准的150%以上。如果简历上薪资要求超出招聘职位的薪酬范围，对方还让你来面试，说明还有的谈，"漫天要价，就地还钱"这个套路大家都懂。

如果面试官不提这个事，那么你自己就得主动提出来，不然就没有机会提了。你可以在最后面试官询问你有没有问题的时候直接亮剑，开口聊工资的事。这个就是出其不意。一般对方最后询问这个问题，其实是没指望你问工资的，你这么一问，就看面试官出招了。

### 2. 关于面试官询问你上一份工作经历的待遇问题。

有一个面试官必问的话题，就是你上家公司的待遇，如果高了，他会衡量自己开出的价码是不是合适，如果低了，他有可能就地压价，良心大大的坏啦！

一般来说，求职者在做简历时会下意识提高以前工作经历的薪酬标准。我们可以这样与对方谈，每个人的价值都会受到地区与行业限制，同样的个体在不同的空间内，其价值表现形式也不同。哪怕是同一碗面条，路边烧烤店与机场，价格是相差十万八千里的。

这个时候你可以这样说，我认为，经过在原公司的锻炼与提高，现在我的综合素质已经不能用过去的标准来衡量，我现在解决问题的能力已经有了质的飞跃。

比如我可以在什么条件下做成什么事，可以在什么条件下做出什么样的成绩。相对薪水，我认为我现在的工作能力可以为贵公司带来更大的价值。

### 3. 如果面试官对求职者说，你这个待遇我们给不了，你该怎么办呢？

这个问题在现实中经常会发生，自己一个不小心用力过猛，报高了，对方这么来一句，怎么办？总不能把天聊死。

如果你心里没有底了，那就直接反问对方公司是什么样的标准？如果你说可以按贵公司的标准来定，这样就贱卖了！

当然，如果你想去这家公司，又愿意小小让步一点，又不能让对方觉得你没有原则，我们可以换一个说法：我的要求可能是有点高，我认为薪酬并不是我对工作的唯一要求。我看中贵公司的行业前景与发展平台，我认为我的能力完全可以胜任这个岗位，我相信贵公司会根据我的表现来考虑的。我想问一下，贵公司对于这个岗位的标准是什么呢？这样双方都有面子！这个事就像男女谈恋爱，谈恋爱时有些条件能谈，一旦结婚后，有些条件就没得谈了，哪怕心里再不爽，也得有些顾忌。你懂的！

### 4. 如果面试官说出他们的待遇标准后，还得故意问你这个薪酬你能接受吗？该怎么谈？

面试官在谈待遇的时候，都会有心理上的优势。我们该怎么表明我们的态度呢？如果你说这个要求虽然与市场水平比较接近，但是与我心中的期望还是有点差距的，不知贵公司除了这个标准外，还有没有其他的福利呢？这样说，对方可能会不爽，不一定会有心情和你继续聊。

那我们换一个说法：说心里话，贵公司这个标准虽然不低，但是与我的要求还是有点差距的。我想知道，如果我进入贵公司工作，我还有哪些机会能加薪呢？加薪的比例与标准又是怎么确定的呢？贵公司关于加薪的时间段又是如何确定呢？

这样一说，面试官会觉得有戏，他会更有耐心地与你谈一些公司的具体制度或是条件。了解对方的标准后，我们再杀个回马枪提出一些小要求，比如我以前公司是一个什么样的标准或是操作方式，暗示对方有些条件要是让步一下，我的兴趣就更高了。这样就可以再接着聊。

只要面试官对你感兴趣，你对这个职位感兴趣又对面试官有好感，就要抓住有利于自己的时机适当妥协。将欲取之，必先予之，不入虎穴，焉得虎子呢！如果你的面试官本身就是老板本人，那么记得老板的好感与认同，比拿到手里的现大洋更有价值。毕竟钱是死的，而上司的认可可以给你带来更高的位置，有了位置就有机会创造更大的价值。有了价值，还怕没有钱么？

关于面试时谈薪，其实就是一种心理战，你要敢谈，善谈，多变。我们谈前要了解市场行情，明确自己的底线；谈中要评估自己的表现是不是对方的菜；最后才是根据自己的价值，先从止面争取薪酬，争到皆大欢喜，争不到，及时掉转枪口，瞄准福利去穷追猛打，能捞多少算多少。不要相信面试官入职后会调薪等说法。

# HR 如何做好招聘准备工作

前段时间和几个朋友聊天，都在抱怨人不好招，被各种放鸽子，问我有什么好的建议。招人这种事既要看公司硬件，也要看软件，还要看 HR 自身的专业度！说得玄乎点还要拼人品！剩下的一分还要靠运气！我跟朋友开玩笑说，五年前我去面试总监的时候，不是让等着，就是半天连个人影都看不见，把我扔在那里喝茶！要不就是好不容易进入面试环节，三五分钟就把我打发了。我想抽自己一巴掌，这是来干吗了？当猴耍着玩吗？

哪个 HR 没有当过求职者？其中酸甜苦辣也得有点数，当完红军再来当蓝军，套路应该更熟悉才对！更多的伙计当了面试官，能决定别人的命运后就不会打牌了。

求职者还需要 PK 吗？明摆的事嘛，人为刀俎，我为鱼肉！世道变了，我们既是选择者，也是被选择者，要是面试的准备工作没做好，谁选择谁这个真不好说！我们来聊聊面试准备的事。

## 1. 先确定岗位条件（就是想要找什么样的人）。

我们都认为确定岗位条件非常简单，大公司有完整的岗位说明书，小公司没有那么完善，但是总有领导意图吧，怎么说写个三句半都行。

我们都知道岗位条件这事说白了，说有用也有用，说没用也就是一张纸。不是什么岗位都非得把学历、经验、业绩、长相、性格、属相、地区都列上的。

确定岗位条件这事，有两种方式。一种是人力资源部提供所谓的流水线菜单，即标准的岗位说明书，这是官方的岗位用人的标准。

第二种方式就是谁用谁负责，就是所谓的领导说了算，谁是该招聘岗位的直属上司，按他的要求来确定招人的标准就行了。其他的重要吗？

至于这个领导内心的需求或是偏好，这个只有他本人知道，比如同等条件的，好看的优先；同等好看的，能力强的优先；同等好看、能力相同的，性格好的优先。或是这些都扔在一边，某人掐指一算，非得要小他几岁，某个属相，某个指定星座，某个特定条件的不可以吗？

奇葩条件年年有，有的时候特别多！我们不就是负责找人的吗？什么才是合适的人才？能满足用人部门领导需求的人才是人才，其他的就不需要操那份闲心了！如果有人不信，你可以试试，不经用人部门领导同意，你选择你认为的所谓人才给用人部门看一看，瞧一瞧，看有没有人理你！

### 2. 再确定公司能提供什么条件。

我们在做面试准备的时候，容易看着好的都想要，结果最后一个也弄不着，因为没想好自己能吃多少。

有好的人才谁不想要？《亮剑》中李云龙的独立团攻打平安县城的时候，李云龙说过一句经典的话：有多大锅就下多少米！

那么问题来了，我们确定想找的人时，就要在纸上列出我们能提供的条件，两条硬标准：月薪如何？平台如何？

如果这些没有竞争性，或是你觉得还不足以吸引求职者，我们就得再考虑别的条件，比如，有前途的职业，有魅力的领导，有面子的工作环境，有找对象的便利，有晋升的机会，有学习提升的空间等等。别以为这些不重要，有些人换工作不只是为了钱，除了钱以外，他们还需要得到尊重与认可，还需要有吹牛的资本，还需要活得轻松点，还需要能被当作一个活生生的人来看待！有时候这些条件在关键时候，就能起决定作用。

这些也不是张口就来的，你需要把这些所谓的公司优点或是这个岗位的竞争性列出来，形成标准的话术。比如同样的问题，我们该如何来解说才能是最温柔的一刀。至于这些点怎么来整理，可以找公司现有的人员进行了解，询问他们在公司工作的感觉与想法，然后选择一些最敞亮的答案作为标准。台上一分钟，台下十年功。面试本来就是一场较量，玩的就是谁的心理素质更硬，就是这么简单！

### 3. 确定面试官。

这个问题大家应该都能明白，不是什么阿猫阿狗都能当面试官的。别以为你能掌握别人的命运就可以那么随意，不是拿根扫帚就是扫地僧，更不是披上袈裟就是菩萨了。

正常情况下，面试官以用人部门的领导为准，但是，初试、复试、终试的面试官毕竟是不一样的，而且涉及级别问题，这些都是需要考虑的。是低等对接，还是对等对接，或是高等对接，这些都要因人而异，要有个章程。你不能面试个小专员就让老板出面吧，也不能面试个总监却让一个小专员去面试。

更重要的一点是，确定面试官后，是不是再一起聊聊。虽说面试过程中面试官问什么问题是他本人的自由，但是，我们总要让求职者觉得我们还是很厉害的，时不时搞点事情出来让对方觉得我们很专业，这个非常重要。有时候，面试官表现的好坏可是直接影响到求职者的加入意愿的！而且很多时候，别人入职真的不是看公司条件去的，他们就是冲着面试官去的！所以，面试官的专业程度、素养，甚至面试的技巧，都是有套路的！

有人认为这些都是小事，可别小瞧了这些因素，细节决定成败，阴沟里翻船的主儿可不少！你要是忽视了，也许下一个栽跟头的就是你！

### 1. 面试时间准备（别光想着自己）。

我们都有一种我的地盘我做主的情结，你们都得听我的。我们面试官就是这个时候有时间，你爱来不来。来，我们约，不来，就拉倒。

我们在招聘的时候都宣传我们是求贤若渴，我们尊重人才，可是当我们与求职者约定时间的时候就变了，不愿意接受或是不愿意改变自己这边的面试时间，非得要求别人按着我们的意愿来，这就是浑身贴膏药——毛病不少！你们再牛还能有刘皇叔牛吗？人家可是三顾茅庐。有的伙计说，如果对方要是有诸葛亮的才，我们也愿意像刘备那样！可是，我们为什么不能有战国燕王千金买马骨的胸怀呢！

我们在约定面试时间的时候，如果对方能接受我们的时间最好，如果不能接受，我们可以换一个对方有空的时间。让一步，是为了让对方上钩嘛，我们得先拿出诚意。就像钓鱼一样，这杆钓不着，下一杆总是会有希望的！

### 2. 面试接待准备。

面试接待还需要准备吗？需要吗？不需要吗？真的需要吗？这个真的需要。

试想一下，夏天求职者来面试，就让人随意往那里一坐，连杯茶都没有，或是连杯水都没有。面试的时候，你们说企业文化多么温馨，企业管理多么人性化，这样说，人家能信吗？百闻不如一见！

再比如针对远道而来的求职者，有没有安排住宿或是报销差旅费呢？特别是高端职位或是重要的核心岗位。有人会说，他还不是我们的员工呢，没有必要给他报销相关费用，这样会增加我们的招聘成本！你只考虑你自己的成本，就不考虑别人的成本吗？你是一条大河都怕水干了，何况人家只是一条小河呢？

有人说有没有搞错，别人只是来面试，八字都没有一撇呢，没必要当自己人吧？如果我们薪酬没有吸引力，如果我们公司条件没有竞争力，如果我们实力比竞争对手差……我们在这些小细节上还不能吸引人，你还能指望什么？

我们可以完善接待流程，比如怎么与求职者确定行程？怎么接待？或是接待标准如何确定？求职者到公司后安排谁负责接待？在什么地方接待，有没有安排茶水？有没有人负责陪同？或是当面试官没有按时到达时，有没有给求职者妥善的安排，不至于让对方感觉受冷落；如果接近中午或是晚餐时间，有没有安排便餐？我们总要有一些让求职者记忆犹新的东西，这就是与众不同的地方。


### 3. 面试过程准备。

这个问题大家应该都能明白，我们说前期所有的准备都是为了这个坑而挖的，毕竟 PK 的重点时刻了。

我们面试流程怎么确定？是一试，还是需要复试，还是三堂会审等，这个时间节点怎么把握。有的公司是初复终试一个半天或是一天全部搞定，有的公司几个面试整下来能持续一周，或是半个月，甚至一个月。拜托，这年头哪个求职者的兜里没有几张面试通知单呢？你的战线拉那么长，等你确定了，黄花菜都凉了。

再比如面试问题的准备，别整的不同面试官都问差不多的问题，你让求职者每次都像背书一样去背自己的经历，这个也没有多少挑战性。你可以初试问一些问题，复试再问一些问题，或是终试再问一些问题，就像升级打怪一样，要给求职者不同的面试体验！让求职者觉得，自己是最棒的，是千军万马杀出来的，这样的心理体验非常爽。他在别的面试官那里体验不到这样的成就感，自然就会选择你们喽！

还有面试时间的选择，比较感兴趣的候选人面试时间控制在1.5个小时内就可以了，不感兴趣的人求职者呢，40分钟就够用了。有人会说，既然都觉得不合适了，5分钟打发走就拉倒了，这个我要吐槽一下，第一，人是你约的，人家也来了，你5分钟就让人走，你耍猴呢？第二，不要轻易地否定一个人，也许他的条件在你这里没有得到认可，但是不代表他就是一个不优秀的员工，我们需要给别人足够的尊重！这不是怜悯，这是职业素养！

**05**

第五节

# 面试之如何选择管理者

记得上次有个朋友问我，能不能推荐一份 IT 行业年薪过百万的管理岗位给他，他想去试试。我非常好奇，想要看看这位朋友的简历如何，好在这位朋友非常地上道，主动把简历分享给我学习了。看完简历才知外面的大海是那么辽阔，天上的星辰是那么浩瀚。同时，扪心自问，自己处于什么阶段？如果我来做面试官，我又会如何取舍或是选择一位高管呢？

我们都知道方法是为目的服务，面试是为了给我们选择合适的人，但是选择什么样的人才是我们需要考虑清楚的，特别是针对管理者而言，因为管理者不同于一般员工，很多事是成也萧何败也萧何。

对于管理者，我们要考察他们什么要素呢？下面我们来聊聊我对这五点的理解：

### 1. 关于勇敢。

我理解的勇敢，不是二愣子气质，而是果断和胆识。如果一个管理者缺少进取之心，我认为他就失去一个管理者的资格了。一个优秀的管理者，必定是要承担带领部门走向卓越的重任的，所以，他的骨子里就要有血性，就不能懦弱，不能混日子，不能安于现状。所以，我们要选择管理者，第一点就是考察他有没有开拓进取之心。有，可以继续考察，没有，就要慎重了。除非你只想要个听话的，不关心业绩，那么就无所谓了。

### 2. 关于明智。

能当上管理者的，谁不是过五关斩六将上位的呢？当然也有例外的，但是不管怎么说，只要他能坐上那个位置，就一定有他的过人之处。唯一的区别，有的人是凭正面的智慧，有的人是靠曲线的智慧，比如小聪明，利用关系等。但是，这些都不能否认他的智商。

而我们要考察的是管理者在大势上的见识，也就是他看问题的深度，分析问题的前瞻性，以及解决问题的思路，这些是主流，再说白一点就是对大局的把握。一个管理者，如果不能因地制宜、因时夺势地选择正确的道路，或是站在能够让自己实现理想与抱负的决策层一方，那么他的努力终究是徒劳的。这就是我们说的聪明人。只不过，有些人的聪明是用来上位，有些人的聪明是用来做事。所以，你到底需要哪一种聪明，就看你自己喽。

### 3. 关于仁慈。

人之灵于万物也，仁也！我们在日常管理过程中，经常有人说，这个人不错，那个人不行。这个人对人很好，那个人对人不好。实质上就是说明这个管理者缺少仁慈之心。别小瞧仁慈之心的魅力，中国历史上皇帝能够被称为仁君的就那么两三个，比如宋仁宗、明仁宗。他们魅力超凡，正是因为这样的魅力，才让他们的下属有成长空间，因为他们包容，别人才发自内心的尊敬。而仁政也是儒家思想的核心，这就是管理者的最高魅力所在。试问一个没有人愿意与之相处的管理者，一个不被团队成员尊重、接受的管理者，一个只靠那个公章行使管理权限的管理者，他的部门又能好到哪里去呢？

### 4. 关于诚信。

诚信是个大问题，谁都希望与一个诚实、讲信誉的人合作。当然了，现实中很多时候，管理者之所以是管理者，可能就是因为他比员工更有演技，更不讲诚信。而英雄都是讲诚信、讲信誉的，千金一诺。说话算话别人才愿意跟着你混，跟着你混有肉吃，如果你人前一套，人后一套，虽然可以一时风光，但是别忘了，出来混，迟早是要还的！当所有人都知道你是什么人的时候，你将如何自处？诚信乃管理者之本。

### 5. 关于忠贞。

之所以选你做管理者，不管别人给你多少好的评价，在你的上司眼里，一定有一条是——你是一个忠贞的人，能够忠于你的上司，能够忠于你的事业，能够忠于你的选择。只有这样，你的上司才放心让你留在管理者的位置上，你的下属才有信心让你坐在管理者的位置上。

一个忠字，很多时候能掩盖很多问题，一个忠字有时候也能取代其他任何品质。所以说，留在领导身边的不一定是有才能的人，但一定是忠心的人。

古往今来，管理者一直都是关系到团队生存与发展的核心，这也是为什么有千军易得、一将难求的感叹！

我们作为 HR，无论招聘哪个岗位或是针对哪一个层级的求职者，虽然都需要一双火眼金睛去把关，但是，对于管理层的选择不但自己要知道怎么选择套路，还要去分析与研究老板选择管理层的思路与用心。这样不断地对比与揣摩，才能进一步开拓自己的眼界，也才能及时地跟上领导的步伐，才能让自己走得更高更远。

## 06
### 第六节

## 如何做好新春招聘

都说一年之计在于春，春节过后，新春招聘无疑是 HR 工作的重头戏。此时此刻，面对同行乱拳打死老师傅的竞争手段，你又如何去做新春招聘呢？

春节前，再贵的车票不能阻挡员工回家的脚步，春节后，再温馨的家也难留外出追梦的身影！众所周知，招聘黄金时间不出正月，这个时候，应聘的没有招聘的多，僧多粥少，让佛祖何以慈悲？

招聘压力不堪重负，若非心态好，估计难免一夜愁白头！这让人情何以堪？新春招聘都是有套路的，在年前，就要预先评估各部门人员情况包含年后需求人员，提前确定人员增补层次与数量，这就考验人力资源部与各部门主管对本部门员工的掌控能力了。有些人跳槽会在意料之中，有些人新增不会出乎意料之外！

新春招聘，按照岗位需求层次选择不同的招聘渠道，准备方式也不同：

### 1. 心理战之老员工介绍。

对于制造业来说，可以在节前发文件，只要老员工年后介绍新员工入职满几个月，就可以获得一笔现金奖励。蚂蚱虽小，好歹也是肉呀！在国人的观念里，熟人介绍的工作远比自己找的要靠谱，毕竟出门在外，公司有人就好混！

### 2. 阵地战之守株待兔。

很多公司，特别是制造业，上班前把招工信息牌挂出去，诚邀四海人，笑迎八方客，对来了解情况的应聘者，让门卫做好引导工作，或安排招聘专员接待。如果人员充足，还可以去人流集中处摆摊，有人没人先把吆喝喊了。这样的手段，虽然太低端，但是对那些普工或是基层的操作人员，还是非常管用的！

### 3. 攻坚战之人才市场。

有时候，去人才市场订个摊位比偷菜还难！莫道君行早，还有早行人！把自己当成诸葛亮，舌战群儒说四方。普工也好，技术人才也罢，管理人员也行，人才市场见真章，当面锣、对面鼓，咱们走着瞧。基础设施不好，咱比工资；工资不高，咱比福利；福利不好，咱比文化；文化不好，咱比老板；老板也不好，咱只能比基础设施啦！相信总有一项让你迷茫和疯狂！

### 4. 外援战之中介。

当上述办法都搞不定的时候，只能把大小王甩出去了！把自己当成财神，寻找传说中的"雇佣兵"，管你是一次性买断、劳务派遣还是流水线外包，我出银子你出枪！我只要人，只要保证生产，管你是虾兵蟹将，还是妖魔鬼怪。不过，这底牌不到万不得已也不能出的。当年我兼管采购时，老板对我说的一句话至今记忆犹新：采购就是拿钱买东西，我儿子都会，我还请你做什么？和老板谈钱，这就伤感情啦！

### 5. 储备战之学校。

每年都会有各类校企合作论坛，这时候八仙过海，各显神通。此时就得把自己当太白金星，该哄的哄，该忽悠的忽悠！企业可以投资建立培训基地，可以出钱命名 XX 班，定向委培！你解决就业压力，我解决用工需求，双赢的事咱要多多益善！当然对于学生来说，也不要太抱怨，毕竟再牛的将军也得从士兵做起！

### 6. 特种作战之猎头。

有些岗位真的不是常规渠道可以招聘到位的，比如高管，或是核心技术人才，或是特殊人才。对于这些岗位的招聘，可以考虑猎头，这个时候别心疼钱！把专业的事交给专业的人去做就好了，毕竟人家就是吃这碗饭的，按需订制，只要钱到位，包你岗位全匹配！当然这种事，不能火烧眉毛时才临时抱佛脚，也不要抱有侥幸心理，当招聘需求确定时，就先下手为强吧！

**7. 特种作战之挖角。**

信息社会最大的特点就是消息不过夜，都是出来混的，谁都在对手的榜单上，只要有机会，朝为对手晚成伙伴都很正常！谁家还没有几颗梧桐树呢？隔山打牛，跨界打劫，弯道截胡的事，你不做，别人就做了！你给不了，别人能给，你与别人不对路子，别人与比人对路子，这就可以了！各种论坛，各种协会，各种活动座上宾，稍不留神，有些人就易主而向了。

节后，留人难，招工更难。HR真想对老员工说，你快回来，公司依然给你精彩。对新员工说，你不要走，公司对你用心守候！

HR的脸上永远写满了沧桑，做了招聘，沧桑的脸上又充满了忧伤！无意留恋风景，无心仰望星空。招工路上，没有最疯狂，只有更疯狂！

作为HR如果扛不住硬扛，老板会认为你忽悠他，员工会认为你骗他。实在招不到人，就对老板挑明了吧，十八年后又是一条好汉！

## 07

**第七节**

# 如何编制岗位说明书

工作分析和编制岗位说明书是HR非常重要的基础性工作，许多企业都在做，但做的效果和深入度就因人而异了。那么如何编制岗位说明书呢？

俗话说，人人有事做，事事有人做！在其位，就要谋其政！政从何来？所以，岗位说明书就显得犹为重要，相当于指南针的作用，至少有了这玩意，就能知道自己应该做什么？权限如何？需要哪些技能？有什么要求？让人一目了然，心中有底。岗位明书的编制要体现几个重要方面：

### 1. 基础信息要全。

既然是岗位说明书，那么基本的信息都得写上。这个说明书既是让自己看的，也是让别人看的，至少让别人知道你是谁？什么职位？对谁负责？当然了，有时候还可以写清楚工作地点，有的还会写上待遇水平等，这个主要看公司文化。说白了，这就是代号。

### 2. 与谁合作。

岗位说明书，对于新员工来说，最为直观，让人知道需要和哪些部门打交道？与哪些人沟通？主要涉及什么事？周期多久？和打麻将一样，要看上家，还要盯着下家。

### 3. 理清做什么。

岗位说明书主要是告诉别人你该做什么，而不是如何做。这里就要把自己应该做的、需要做的工作项目按重要程度列出来。当然了，需要跟哪些部门的人沟通与合作，要在工作任务中特别列出来，这也是自我检查的一种方式。这就是一个圈，圈内做事安全，出圈就得受别人的限制。

### 4. 明确权限。

对于个人来说，最需要知道的就是自己做事有什么权限？什么事是执行层面，什么事有建议权？什么事有决定权？既不能不做事，也不能多管闲事！不要稀里糊涂地被人忽悠而当枪使，结果狐狸没逮着，反惹一身骚！

### 5. 工作时间。

领导不可能天天拿着秒表掐指算计你的工作，所以最好的方法就是预先确定你的工作量，测算你的工作时间，让一切尽在掌握之中。别把领导当猴耍，不想理你，那是领导大肚能容可容之事，想打击你，再厉害的猴子也逃不出佛祖的手掌心。掌握工作时间，收拾你不过是分分钟的事。所以，工作得悠着点。

### 6. 技能要求。

没有金刚钻就不揽瓷器活，让你来就是冲锋陷阵的。所以，选人的标准就是招之即来，来之能战，战则能胜！这就要求技能过硬、经验丰富、学历达标、证书齐全。如果有素质模型什么的都端出来吧！记住，你不是诸葛亮，老板也不是刘备，干工作还得靠真本事，所以唐僧永远离不开孙悟空。

岗位说明书其实就是一个圈，千万别把这个圈当成自己的一亩三分田，想干啥就干啥。这个田是老板让你种西瓜的，如果你种了地瓜，那么对不起，你哪里来就回哪里去吧！

不管做什么工作，千万不能出现这种情况：种了他人田，荒了自己地！如果这样，别人高兴时说你学雷锋，说声谢谢！碰到不买账的人，还埋怨你手伸得太长！这既丢了面子，又失了里子！做好书童的本分就行了，不要盯着秋香乱瞧，否则迟早会出事，毕竟像华太师那样的人还是少数！

凭什么来判断人岗是否匹配？岗位说明书就是第一关。在选人时，靠岗位说明书按图索骥就行。所以，做该做的事永远比做好事来得重要！

## 08
### 第八节

## 用人部门看不上你选中的人，怎么办

B公司人事部招聘主管王小姐最近有点苦恼。近期，她一直帮技术部门招一名项目经理，已经面试了21个人了，她个人觉得其中有3名候选人是符合录用条件的，但技术部老大就是觉得不行，叫她继续招，她快要崩溃了。如果你是王小姐，面对如此问题，你会怎么办？

王小姐的问题在日常工作中是经常出现的现象，人事部为了忽悠别人来面试，奇招频出。而用人部门喊着缺人，结果却是一夫当关，万夫莫开，给人感觉就是皇帝不急太监急。当然也不排除技术部对这个人选有了自己的想法，毙掉人事部招聘的，最后推出自己的人选，还说帮了人事的忙。

办事讲原则，工作讲配合，既然是玩游戏，那就得守规则。

假如我是王小姐，会采取如下措施：

### 1．积极配合：问清标准。

人事部在招聘人员时，原则上根据用人部门提出的招聘标准来发布招聘信息。这个标准一旦发布出去后，基本上定型，如果朝令夕改，那对公司的形象是不利的。应聘者会怎么想？谁又愿意来这样的公司？摆明了逗你玩嘛。既然用人部门提出招聘标准，那就得白纸黑纸，签字画押，这既是程序，也是证据。如果用人部门在面试过程中乱改标准，对不起了，咱得打官司。

这个过程就是你给标准，我按图索骥，一切按你的要求办。如果不成，那就拿你的枪杀你的马，看你有啥话说！

### 2．主动示弱：让出选择权。

既然是招项目经理，那必须是高标准、严要求，本着服务用人部门的原则，将应聘者的简历都送到技术部，让他们确定可以通知面试的人选。在技术部选人的过程中，总能摸清技术部的想法，需要什么样的人？选人的关注点是什么？他们在意求职者哪些方面？这样在下次收集简历时也有侧重，可以提前把关。

本阶段就是主动服务，积极配合，做好人事部的本职工作。牢记一条，招聘时无人可选，无人问津，这就是人事部的不作为。但是，有人可选而不选择，这就不是咱的错啦。我们得把技术部认可的人通知来面试，约好时间后，反馈信息给技术部。一句话，确保用人部门满意的人选来面试。

### 3．当面锣对面鼓：建言献策。

如果用人部门定的面试人选老是被毙掉，这个时候就得和用人部门好好聊聊，到底是什么原因？是我们的招聘标准太高？还是应聘者名不符实？不能用挑媳妇的标准来招人，就算是找对象还可以先试着谈谈恋爱呢！

如果标准合适而又不选，那必须得给一个合理的解释，否则，公司的招聘标准就成戏言了，何以服众？同时也要委婉地说明，如果一个职位长期发布，可能会带来种种猜测，导致应聘者顾虑重重，反而得不偿失。

人事部得提醒用人部门，看人看主流，人无完人，不要求全责备，更不要尽善尽美，凭个人喜好做决定。所谓量体裁衣，我们也要看看自己的实力，再衡量应聘者的条件，既不凑合，也不拔高。如果碰到条件合适的人选，一时拿不准，可以用赛马来选马，既选出良马，又能练马，何乐而不为？当然，如果技术部有人选，可以推出来试试，都是为了工作需要，举贤不避亲，藏着掖着就不厚道了！

### 4. 以进劝退：黑锅一起背。

如果是用人部门迟迟不能下决心，需要继续招聘，那么只能重做招聘方案，将用人部门在面试过程中否决人选的条件都补充进去。这时就要追加预算，增加招聘渠道，向老板建议：那边技术部等米下锅，而我又是巧妇难为无米之炊，主公给点银子花花吧。只要有了银子，我可以用猎头，追加专场招聘频率、增加行业招聘网站，实在不行还可以上《职来职往》。保证让你红旗招展看花眼，彩旗飘飘笑弯腰，让公司声名鹊起，响遍黄河两岸、大江南北。就像皇帝选妃，秀女站满街，环肥燕瘦、大家闺秀、小家碧玉，相信总会有合适的！

老板在看到这个招聘方案时，必然会了解为什么各路选手频繁被毙，看在钱的分上，要么就是停止招聘，要么就是降低条件，要么就是追加成本。这时就得告诉老板一个道理：花银子求才才变财。我想，人事部为了用人部门的需求而大把撒银子出去，用人部门如真能稳坐钓鱼台，那就是真的拎不清了。

人事部都掉水里了，用人部门还想不湿鞋？哪有这等好事，对不起，有黑锅咱一起背吧。如果用人部门还是接二连三地举起屠刀，那老板就会想：用人部门你到底需要什么样的人？你又毙掉什么样的人？难道别人都不如你？

我们说在招聘过程中，看人要准，出手要稳，下手要狠。不要先入为主，更不要戴着有色眼镜看人，与人方便就是给自己机会。人事部和用人部门必须将相和，老板才能笑哈哈。如果两个部门老是斗地主，老板只能做黑无常了，这时还不知死的是谁呢！

对于人事部来说，对外大海捞针有手段，对内绵里藏针有方法，对上胸中锦绣绘乾坤。工作配合就是人敬我我敬人，如果你拿我村长不当干部，我就让你豆包成不了干粮！

对于用人部门来说，不要挑肥拣瘦、闭着眼睛摆摊净装神仙，虽说不是捡到篮子里都是菜，但也不能一棍子打死一船人，还是有花堪折当须折，莫待无花空折枝！

## 09
### 第九节

## 面试 OK 但学历有问题，怎么办

A 公司近期招聘面试了一名软件工程师，HR 部门和研发部面谈后都觉得不错，各方面都比较合适，准备通知其来报到。但就在报到前，HR 在验证其学历时发现有问题，并没有他宣称的本科学历，而只是中专毕业。如果你是该公司 HR 经理，碰到这个问题，你会怎么办？是给机会让其一展才华，还是一票否决让其望洋兴叹？

案例中的求职者，不管这样做有多么无奈，毕竟手段不光彩，如果一棍子打死，就是毁了他，我们说惩前毖后也是为了治病救人。如果是我，我会选择与用人部门沟通一下，给机会，但是也会有条件使用：

### 1.给机会：瑕不掩瑜展其才。

第一，先与用人部门主管沟通，说明情况，征求用人部门主管的意见，说服给其一次机会，毕竟我们用人要看大节。当然，这也是建立在自信能够掌控求职者的前提下。他是孙大圣，咱就是如来佛，不管他如何折腾，一招如来神掌搞定。

第二，与该求职者沟通，暗示其学历有问题，但出于尊重，公司并不追究。同时表明，公司愿意给他一次机会，让他以实际行动来证明他的才华，不过，学历补贴就没了，是骡子是马拉出来溜溜！相信他会感恩戴德回报公司，毕竟士为知己者死！

### 2.多培训：入我门来念我经。

试用期间，经常安排一些培训，用公司的企业文化教育他。就像观音对唐玄藏说：小乘教法只能脱苦难，但大乘教法却可超度亡魂。我想，只要是有理想、有追求的和尚，都会明白西天取经是必由之路。

孔子提倡有教无类，我说培训是个宝。这叫入我门来念我经，有口有心能念经，这样和尚佛放心。本阶段，不管他是怀着什么目的，只要加入本公司，通过强化培训和教育，就要让他老老实实地站岗放哨，服服帖帖上阵杀敌。

### 3. 严考核：套上紧箍牢掌控。

上岗培训了，试用期后就得走马见真章，所谓观其心、看其才、展其能。说得好不如做得好，既然是破格使用，那么考核期就得拿出实实在在的业绩。有绩才能让 HR 经理有所交待，证明 HR 做出录用的决定不是不靠谱的。

当然，考核指标也不能太离谱，这些指标既能看得见，也能摸得着，关键是要让用人部门能制得住他。就像唐僧对孙悟空一样，凭孙大圣之能，见到唐僧只有服的分，不然，唐僧张张口的事，孙大圣就得满地滚！

对于求职者来说，千万不要好心办坏事，毕竟方法的拙劣不能证明理想的崇高。适度包装可以打擦边球，但不能过界，否则就是偷鸡不成蚀把米。

对于 HR 来说，也要告诫求职者，小样，别把咱当庙里的泥菩萨，净是摆设，好歹咱也是老君炉中火眼炼，是妖是怪一眼辨！放过你，是咱高抬贵手，揭露你，是咱职责所在。让你成佛成魔，不过是咱一念间的事。

用人就要不拘一格，学历不过是敲门砖。虽说学历不可少，但是实用才是宝。有了金刚钻，还怕揽不到瓷器活？所谓不怕货比货，就怕不识货！作为 HR，我们又错失了多少呢？

用人就得管人，如何管人？管人就是在宣传上坚持人性本善，提倡真、善、美；在管理上坚持人性本恶，用制度管人，预防为主，必须让你恪尽职守！

## 10 第十节

# HR 如何做好薪酬谈判

面试到最后一步，就是与合适人选进行薪酬谈判，我们每个 HR 都应积极面对并掌握良好的薪酬谈判技巧和艺术，你是如何做好薪酬谈判的？

在企业招聘时，有的企业会将所招职位明码标价以吸引求职者，而多数企业会在薪资待遇一栏注明面议，这样招聘企业会有一定的操作空间。对于求职者来说，碰到此类招聘职位，是否有胆出高价，就要看自己的实力如何！而对于企业来说，采取模糊做法，既可以在气势上压倒对方，又能让求职者有想象的空间。但是不管如何，个中尺度如何把握，取决于 HR 的薪资谈判水平。个人在薪资谈判过程中，一般会用如下几招：

**1. 知己知彼，谈判有底。**

招聘前，首先要了解该职位大致的市场行情，其次要知道公司定的价码范围，特别是最高上限是多少，这是警戒线。最后，把求职者简历上以往的薪资情况做个增长率幅度测算，求职者的期望薪资范围要特别关注，看该范围与公司能给的标准误差多少？在范围之内，那我们的策略是要主动，超出范围之外，就要注意方法，输阵不输人。

### 2．诱敌深入，找其不足。

面试过程中，一定要多问问题，全面了解求职者的工作经历。当然了，也要注意问问题的技巧，可正话反说，可反话正说，本阶段就是要弄清楚求职者的各项技能、经验、业绩、个人的一些想法，特别是和本岗位密切相关的素质要求，各类组合拳都用上。相信言多必有失，不怕对方不上当，只要对方露出破绽，必然会想方设法来弥补，这样就会更加心怯。

### 3．以己之长，攻其所短。

当了解到求职者的一些不足时，这个时候就要围绕这些问题，对求职者进行精神上的全方位"打击"和"围剿"。面试者要全面阐述本岗位的素质要求，公司希望该岗位的人员能为公司带来哪些变化，而这些要求恰好又是对方办不到的。这个时候就要先将对方的精神意志摧垮再说，面试者可以把范儿摆足了，告诉对方，只要具备这些素质，你开的价位没问题。否则，你的要价就要打折，相信不管什么公司，都是凭实力说话！就像做生意一样，卖方都缺斤短两了，还怪我买方不出高价？

### 4．偷梁换柱，诱惑有度。

前面所有的话，都是为最后杀价做铺垫。通过面试，表明公司认为求职者虽有不足，但仍是可造之才，可以给个机会。但是这个待遇嘛，就要按公司的待遇来，同时，也要把隐形的福利也折算出来。比如说，公司可以提供培训机会，培训后根据表现可加薪、晋升，公司还可以对一些特殊岗位给补贴，或者提供工作餐、住房等，这些隐形的福利都可以折算成白花花的银子。还有就是无形的待遇，比如说，包容的企业文化，开明的用人观，公平的调薪机制等。通过对比，告诉求职者，接受公司的待遇，就是抓住现有的鱼，总比看不见的熊掌好。

对于求职者来说，换个新东家，自然希望福利待遇是芝麻开花节节高，但是，很多时候，脚踏实地远比仰望星空来得重要，毕竟机会抓住了，一切皆有可能嘛。

对于 HR 来说，在面试中薪资谈判时，进攻，犹如常山赵子龙，千里救主杀敌丢盔弃甲无数；防守，再现南阳诸葛亮，独守空城败敌不越雷池一步。一句话，既不让公司吃亏，又不让员工嘚瑟，要花适当的钱，招合适的人。

## **11** 第十一节

## 如何做好背景调查

为了提高面试的可信度和准确性，降低企业用人风险，相信许多 HR 都有做过员工入职前的背景调查，尤其是对中高层以上管理人员和一些类似于财务的重要特殊岗位。你们会在员工入职前做背景调查吗？

企业在招聘过程中，对面试中意的人选，会根据岗位重要性进行背景调查，可以说，背景调查的情况会直接影响企业是否做出录用的决定。

我们公司的中层以上主管、财务、行政管理人员在入职前都需要做背景调查，背景调查会融入到面试过程中，我们的做法是：

**1. 完整的入职登记表：撑死胆大的，吓死胆小的。**

我们设计的求职登记表上，对工作经历一栏，要求写明证明人、证明人联系方式，这样在开始的时候就让求职者有心理压力，不要胡写，否则我们会核实的。这就是先声夺人。当然了，如果求职者不愿意写，我们在接下来的面试中就会有所警惕。我们的求职登记表上最后也会注明，如果本表有虚假信息，公司会做出不录用决定。这就在无形中给人一种威压！

**2. 征求当事人意见：用阳谋逼对方入戏。**

在面试过程中，详细地了解求职者的一些经历，特别是业绩、技能，还有就是个人的价值观，以及什么原因离开原来的公司，在原来公司人际关系如何。我们要从这些问题的背后思考实质性的东西，比如说是什么原因导致他的人际关系不错，又是什么原因导致他的人际关系不和。有了这些基本信息，就是手中有粮，心中不慌。

面试结束时，我们可以和求职者再说一些客气话，也点明本岗位对公司的重要性，如果不介意的话，公司可能会做背景调查。一是表明，尊重求职者的隐私，二是看求职者是否掺假。看求职者的反应，如果求职者同意，那说明心地无私天地宽；如果求职者表示不方便或犹豫，这个就要慎重了，毕竟夜半鬼敲门，必然吓倒人。

**3. 电话调查：向和尚推销梳子是个技术活。**

对于面试过关的人员，入职前要做一个背景调查，方法有二：一是按求职者提供的证明电话、联系人，打电话去了解。二是在网上查公司的信息，再打电话去了解情况。我的做法是了解求职者最近的一段经历，如果这段经历调查不到信息，再调查其倒数第二段工作经历。

一般是打电话过去直接说找某某人（明知对方不在，这是套近乎）。如果对方说某某不在，或是离职了，那接下来就是打蛇随棍上，顺杆子下手呗。再问什么时候离职的，离职原因是什么。这就和面试时求职者的答案可以对比。

直接报出自己的姓名、公司，说公司目前在招聘某个岗位，恰巧对方来应聘，因为考虑到岗位的重要性，用人部门主管希望先做调查，再考虑是否安排面试。希望对方能配合一下，并且承诺，本次调查不会涉及对方公司的机密信息。

如果对方能转到求职者的主管或同事最好，不行转到人事部也可以，询问对方某某在公司工作期间为人如何？工作态度如何？有没有什么不良爱好？领导评价如何？工作表现怎么样？如果方便的话能否透露一下某某的工资水平。

感谢对方的配合，适当赞美对方的高风亮节，表示如果今后需要向我了解某些情况，本人一定乐意配合。

本阶段着重点个人认为还是应该了解求职者的为人处事、工作态度、领导及同事评价，工作表现等，主要是看求职者的人品如何。曾经在做背景调查时，对方公司的人事被我忽悠得想当我的下属！

### 4. 调查记录上报：是非善恶一念间。

通过背景调查，这个时候就要看如何写调查结论了，如果事实与求职者描述略有出入，那就看你 HR 本着什么心了，是不拘小节？还是恪守诚信眼里不容沙子？这也要看该职位目前需求情况来定。如果是用人部门等米下锅，那就慈悲为怀，调查结论就是正面的，比如写上该员工背景调查与面试结论基本所符，但需要实践来验证！

如果该岗位不是很急，用人部门也没有逼着人事部，既然时间充裕，就算大海捞针也得硬着头皮勤撒网了。这个时候就是铁面包公，管他是真戏假唱，还是假戏真唱，只有宁缺勿滥杀无赦了！

也有求职者原有公司不配合的，表示信息保密，这时只能如实写明对方公司拒绝配合，建议公司酌情考虑。

对于求职者来说，日常工作中，修的是人缘、比的是态度、积的是经验，将分内的事做得出彩，把分外的事干得漂亮，毕竟与人方便就是给自己机会嘛。就算碰到新东家来做背景调查又有何可惧？

对于 HR 来说，背景调查不过是个技术手段，调查的结论只能作为参考，毕竟人走茶凉的事经常有。如果碰上竞争对手，那得到的结论又有何用？如果对方事先打了招呼，调查结论美得像花，这样的结论又有什么意义呢？

HR 不是算命的，用人何来十拿九稳的事？打假是个技术活，与其热衷打假，不如精心防假！如何让制度去把坏人变成好人，把好人变成模范，这才是根本所在。

第三章

PART 3

培 训

# 01
## 第一节

# 如何提升自己的培训能力

记得有伙计问我，想做 HR 这行，应该从哪里选择突破口呢？我说就那几块，有得选吗？严格来说，其实也没得选，因为无论选哪个模块，听说读写能力都是基本功！有人说自己性格外向，也喜欢与人交流，要不然就去选择做培训吧，你看怎么样？

我说做什么不重要，重要的是自己能做什么？就拿做培训来说，你知道关于培训的专业知识吗？培训这块可不是你想的那样简单，把人集中起来，读读制度与文件，或是从外面请来专家讲课，再不然就是整几场活动，然后发几份调查问卷了解一下情况，做个评估，写几句结语就可以交差。如果是这样的话，老板还要你来做什么呢？所以，培训这行与销售有着异曲同工之处，都是做品牌，做口碑，玩概念，玩工具，区别只是一个卖产品，一个卖观念而已！

所以，如果真的要选择培训这行，那就要提升自己的培训能力，那么如何去提升自己的培训能力呢？我认为有几个要素需要考虑：

**1. 自我调节能力。**

做培训这行，会遇到各式各样的场景或是不同的培训对象，这个时候，我们不能千篇一律，更不能像个羞答答的小姑娘一样。我们需要有自身的气场，让自己能够及时地进入状态，瞬间变成外向型的选手。有的人在场下能说会道，可是上台的时候就像霜打的茄子一样，这样不行。所以，我们在进入培训现场前，需要能够调节自己的情绪，比如深呼吸放松身体，比如带本感兴趣的书看看，比如打开手机听听相声，转移自己的注意力。当然，如果你有兴趣，不介意你吹个口哨，或是哼着小调也可以。这是让自己放松，让自己快速进入到最佳状态。

有时候，做了培训这一行，要向小品与相声演员学习，有个好的心态，见人说人话，见鬼说鬼话。要让别人接受你的观点，就要敢说，不能太在意别人看你的眼光，要有任尔东西南北风，我自岿然不动的台风。

**2. 演讲能力。**

做培训的玩的就是一张嘴，所以必须要有好口才。酒香也怕巷子深，你得会吆喝。《九品芝麻官》里包龙星看过？那口才是滔滔不绝，有理有据，把死人说活，要的就是那种效果。有人说我口才差了点，不会说，没关系，只要下功夫练，什么都不是问题。人家丘吉尔第一次在国会演讲的时候，直接忘词了，尴尬吧！后来人家不是照样很牛嘛。

要想有好的口才，普通话好是加分项，毕竟字正腔圆听起来舒服。如果普通话不好怎么办？可以自己练，首先要知道自己哪些字母发音不准，上网找各种普通话学习的网站，跟着练发音。其次，读字典，特别是发音不准的字母，要把音读准。再次，练练吐呐，练气，练发声。最后，就是练绕口令，读报纸，读书，寻找感觉。如果普通话不行也不要着急，那就打造个人的特色，地方普通话一样走天下呢！

做培训内容为王，你的内容得有吸引力，不能照本宣科，不能死背教条。你说的要让人深思，让人在会心一笑过后恍然大悟，发自内心地给你点赞，这样你就牛了！当然，这既要看你的知识储备，也要看你有没有提前做好相关准备，谁说百无一用是书生呢？这个时候才是真的书到用时方恨少，你要用语言征服别人，先得肚里有货，腹有诗书气自华。


### 3. 组织能力。

有人就纳闷了，培训的工作，干嘛还要组织能力？要是自己组织能力强，谁还去做培训呀！其实不然，我们说做了培训这个岗位，成为一个顶级的讲师那是我们的追求，但是，不想当总监的培训师不是好 HR。你在一个组织或是团队，除非你是纯讲师，只需要做课件，或是负责讲课就行，否则，如何让员工来到现场呢？要知道讲课只是其中重要的一步，还有培训前、培训中、培训后各种事宜的指挥与协调谁来负责？这些都需要全盘考虑！

如果把一场培训当作一场战役，谁是指挥官、谁是联络官、谁是攻城的、谁是支援的、谁是后勤保障的、谁是打扫战场的，这些都要分工明确。要知道，并不是每个人天生就是指挥官，有时候也要干苦力。如果你是组织者中讲课最好的，是讲师中组织最好的，那么东风一到，飞黄腾达也是指日可待。

## 4. 控场能力。

你往台上一站，你就是整个舞台的中心，这个时候，你就要眼观六路，耳听八方，注意现场人员的一举一动。如果你愿意像有的老师那样在课堂只顾自己讲，不顾现场学生反应如何，你自己讲得嗨，别人玩得也嗨（睡觉，玩手机，看书，聊天等），那就不是我们想要的效果了。如果是这样的话，要么是别人对你太熟悉，要么是别人对你分享的内容不感冒。也有可能你的内容很好，但是你的风格给你减分，这样就郁闷了。

如果你是一名培训师，你就是棋子，如何让整个棋盘因你而活起来，就要看你的控场能力了，比如要不要用游戏互动？要不要在必要的时候讲故事？这些都是你需要考虑或是提升的能力，换句话说，你能不能用你的风格去征服现场的观众。你可以幽默，可以严肃，可以讲笑话，可以一本正经，可以深不可测，可以指点迷津等等。不管是哪一款，适合你自己的才是最好的。当然，如果让人难忘，你就是最好的。

我们说，培训不好做，形象、语言、活力、风格、演讲技巧、控场经验等等都有门道，但是不去试，又怎么知道呢！培训干得好，那是张仪苏秦的风采，一言天下兴不就是我们的追求吗？你不一定是传说中的金牌培训师，但是，只要你往那一站，就能点燃激情，掌控全场，让现场为你疯，为你狂，享受"海阔无涯天作岸，山登绝顶人为峰"的感觉，不失为一件美事！

# 如何培训基层员工

以前经常听到同行抱怨，说制造业的HR非常辛苦，没有其他行业好做。还有人认为，在制造业工作久了，再跨行业发展难度很大。当然不同行业间的HR也有类似文人相轻的说法，只能发出一声感叹，本是同根生，相煎何太急。

我一直认为，如果能在制造业玩得风声水起，那么一定能够在其他行业中存活下来，因为制造业才是锻炼人的地方。其实，不论哪一个行业，都会有人在最基础的岗位上，也就是传说中的基层员工，如何对这些人进行培训是个难题！

对于基层员工的培训，可以试试下面的方法：

### 1. 要和他们谈金钱。

对于基层员工来说，不要和他们谈理想，他们的理想是不上班。他们想听的是，我来公司上班能给我什么好处？也就是说，我能赚多少钱？这些钱又是怎么来的？包含哪些项目？这些钱是固定的？还是浮动的？要想赚更多的钱，需要做哪些事？当然了，这个钱一定要与同行或是其他企业做对比，最好能体现本公司赚钱的优越性，在心理上加深员工选择本企业的自豪感。不然，大家都是出来当和尚的，凭什么要在你的庙里念经呢？

很多时候，我们对基层员工的培训，还是按部就班的方式。大家坐在一起，聊聊公司的文化，谈谈公司的规章制度，哪些事不能做，公司要求员工必须做到什么等等。诚然，这些是必须的，但是，在谈这些之前，请先要和他们谈钱，好吗？一切不以谈钱为目的的培训都是耍流氓！要知道，他们是基层员工，他们直接对接产品，或是对接客户。你得让他们先生存，或是能够生存得稍微体面一点，他们才有为你卖命工作的心！

很多时候，我们的管理者或是培训师不管员工的核心需求是什么，上来就是各种大道理和鸡汤轮着灌，有意义？你在上面扯得吐沫横飞，别人在下面睡得口水直流！尴尬不？

### 2. 要和他们谈方法。

我们说培训的目的除了让员工接受并认同企业文化外，另一个重要的作用就是帮助员工提升工作技能！所以，对于一线员工来说，洗脑可以有，但是具体的业务能力提升的指导更需要有。而且他们对这个兴趣远大于常规的洗脑，毕竟洗脑再好，三分钟热度或是出了培训室的门就还给培训师，那样就是竹篮打水一场空了。

我们说要调动一线员工的培训积极性，除了与他们谈钱外，还要告诉他们如何去赚钱？也就是三种路径图：工具、技能、方法。

我们说要想砍到柴，得有把好刀。我们在给基层员工培训时，就要引导他们，你之所以比别人牛，主要在于工具用得好。哪么工具从哪里来？如何才能掌握这种工具？如何用工具更好、更快、更多地赚钱？这些都需要告诉他们，这样他们在培训中才会觉得提神醒脑。

并不是每一个岗位都需要工具，可能有些需要直接或是间接的工作技能。如何才能具备这种技能？或是这种技能需要具备那些职业素养？甚至掌握这种技能需要满足什么条件？不仅要告诉员工这些知识，更重要的是要让他们掌握这种技能，这才是培训的目的，也就是说让他们能够在工作过程中使用这种技能并带来实际的利益。如果这种技能不能为他们今后的工作加分，那么这种技能的吸引力一定会大打折扣的。

操作方法，我们说培训有个动作就是，讲给他们听，做给他们看，让他们试试看。这个就是理论与实际相结合，并非所有的培训都是以填鸭式的讲授为主。所以，在培训过程中，对于一些具体的操作，除了必要的示范动作外，还需要有技能 PK，或是分组对抗，或是组织竞赛，主要是让参训者对各种操作方法有个直观的认识，让他们快速地进入状态，熟悉他们所在岗位需要的专业知识与必备技能。对于一线员工来说，对操作说明书等的讲解，只是加深印象而已。他们需要的是非常直观、直接拿来就可以用的傻瓜式操作方法，这样才能节省时间，提高效率！

### 3. 要和他们谈未来。

我们都知道马斯洛需求层次论，没有人愿意停留在基础层面，人总是要有梦想的，不然与咸鱼有什么区别？基层员工也是一样，他们也需要有未来，他们也不希望十年后的今天与十年前的昨天一样！所以，在对他们进行培训时，要结合员工的职业生涯规划，结合公司的晋升通道，结合公司对各个岗位的考核要求，告诉员工在什么阶段需要做好什么事，告诉员工公司需要什么类型的人才，告诉员工如何做才能成为公司需求的人才。培训师需要给员工描绘好未来的蓝图，当然，要说明这种蓝图在公司可以通过哪些步骤去实现？每一个员工可以把谁当作参照目标？我们说，假话说一百遍就变成真话，真话说一千遍就变成真理，这就是企业文化的魅力，也是培训师所必须学会的技能！

与员工谈未来，不是说让员工去参加与他们阶段不匹配的课程或是技能，比如说，让一个普通的管理人员去参加 MBA 课程，或是让一线员工去学习总工程师才需要掌握的技能。这样是拔苗助长，而且拔的不是苗，是命！所以，谈未来也要讲究按部就班，一步一个脚印。活好当下，才有机会赢得未来！

对于基础员工来说，你对他们说什么都不重要，重要的是他们能相信多少？而培训对于员工的作用，是在用、育、留三个阶段都持续让员工融入公司文化，相信他们选择公司是正确唯一的方法选择。

对于基层员工的培训，既要授之以渔又要授之以鱼，前者是让他们知道怎么做，后者是告诉他们能得到什么！两者之间既有联系又有区别，联系是得到了钓鱼的技能，有可能进一步得到鱼；区别是，得到了鱼不一定就有了钓鱼的技能！但是，不管怎么说，对于基层员工的培训一定要说人话、接地气地讲述他们关心的事，用他们听得懂的话来打动与吸引他们，这才是培训的王道！

## 03
### 第三节

## 如何培训中层管理者

有一次在群里与同行聊天，不经意间聊到一个话题，就是各自说说自己是什么时候当主管（经理）的，上岗之前公司有没有进行岗前培训。本以为绝大多数人的回答应该是有专门的针对性培训，结果令人意外，居然很多人都是临时抱佛脚上任的。然后话题一转，大家聊如果你现在是讲师或是培训师，你会如何建议公司对中层干部进行培训呢？

现实中，中层主管是一个不可忽视的群体，也是承上启下的群体。虽然有学者或是企业尝试扁平的组织模式，尽可能地减少中间层级，打造让高管直接指挥战斗小组的特战部队式结构。但是，不管哪种模式，都会有新定义下的中层主管来衔接！所以，作为中层主管来说，他们发挥的作用好坏，直接关系到各组织单元管理的成败。

我们说中层主管既是执行者，又是组织者，是一个整体中的关键部分，又是一个部分中的核心整体。因此，在对中层主管进行培训前，我们先要定义中层主管应该具备什么职业素养，然后才能对症下药。

### 1. 中层主管应该具备的职业素养。

在描述中层主管应该是个什么样的人之前，我们应该把问题交给老板（企业高管），就是他们需要一个什么样的下属来执行或是达到他们的意图？通常来说，老板（企业高管）需要的是一个招之既来，米之能战，战则能胜，胜则不骄的下属，也就是传说中的战斗力有保障，能够解决问题的人。

（1）能够解决问题。对于一个中层管理者来说，解决问题的能力始终是第一位的。让你坐在那个位置，绝对不是仅仅给你荣耀，伴随着荣誉而来的是无数个棘手问题的解决！不管坐在这个位置上的是什么类型的人，他一定是能够在某个阶段替公司或是老板解决一些别人无法解决的问题。当然，解决问题的能力不仅包含具体的专业技能，在技能以外还有思维、性格、策略等其他职业素养。这是一个人在面临问题时的下意识反映的能力，也是一个人能不能做事，能不能做成事的一个核心要素。有人说，这个人路子野，手段多，说的就是这个理。

（2）有一定的执行力。作为中层主管，是公司决策层中的一员，也是部门决策层中的核心。同时，公司的方针政策能不能得到有效的落实，完全取决于中层主管对执行力的认识与理解。是雷厉风行，还是拖拉推诿？是做事不过夜，还是先晾三天再看？是撸起袖子加油干，还是雷声大雨点小？经常会有人说，心急吃不了热豆腐，但是心不急，黄花菜都凉了！所以，衡量一个部门能不能出活的一个重要指标就是执行力如何。一个主管没有执行力，那是看不到结果的。一般情况下，我更愿意相信一流的战略三流的执行，是打不过三流的战略一流的执行的！执行才是王道！我认为中层管理者对企业管理的最大贡献就在于执行！

（3）有组织能力。什么是管理？管理是一门艺术，就是让别人按你的意图来干活。自己动手丰衣足食没错，但是，作为组织的领头羊，你不能一个人在战斗！你需要把你的伙计们组织起来，让他们各司其位，各负其责。你的角色不是老司机，而是总调度，把合适的人放在合适的位置，然后通过对计划的督导与跟踪把事情做成，这才是管理者应该做的事！如果你只顾自己飙车，不顾乘客怎么想，一定会翻车的！所以，组织能力是衡量一个主管是否能成为优秀主管的重要指标之一。没有组织能力的主管哪怕再优秀，充其量也不过是一个孤胆英雄罢了！

（4）有造血能力。作为中层主管，就要有为组织造血的能力，不能坐等靠，指望组织来储备人才。人才既是找来的，也是培养出来的，没有谁天生就是合适的！所以，一个优秀的中层主管，必须具备为本组织培养人才的能力，也就是造血能力，不能光指望输血！很多时候，有的中层主管并没有意识到为组织培养人才的重要性并不低于为本部门创造具体业绩。如果你的组织离开你就玩不转，那说明你并没有为组织培养出合适的人。诸葛亮式的领导对于组织来说，并不是一件好事！一枝独秀不是春，百花齐放春满园！

（5）有担当意识。中层主管作为一个系统中某个部门的负责人，就应该对这个部门的成绩负责，无论好坏都要承担自己的责任。一个不敢负责任的主管，本身就失去了作为主管的资格！实际工作中，并不是所有的事情都有人给你指明方向，并不是所有的事情都有人给你做好准备工作。很多事情都需要你自己往前冲，在摸索中前行，在前行中不断地总结经验，在成就上级领导的同时，能够为下属创造更多的平台与机会。但是，并不是所有的尝试都是成功的，并不是所有的失败都是无益的。所以，作为中层主管，就要敢于承担失败的风险。胜则举杯同庆，败则独自受过，这才上不负领导嘱托，下不忘部属期望。

### 2. 从哪些方面对中层主管进行培训。

我们说知道了中层主管应该具备什么样的职业素养后，就知道从什么角度对中层主管层进行针对性地培训，毕竟，坐上中层主管的位置，技能应用比例就会不断地下降（纯技术类除外），更多的是往管理能力上发展。所以，对于中层主管的培训，个人认为，把培训的比例往管理意识上倾斜是非常有必要的。那么问题来了，我们可以从哪些维度去对中层主管进行培训呢？

（1）人力资源管理技能。很多时候，我们看非人力资源部门主管在管理过程中的各种行为有点不可思议，甚至感叹一些常识性的管理技能或是意识都没有。有些主管只管埋头拉车，不会抬头看路，或是管杀不管埋，这让人力资源部门觉得很无语！所以，人力资源管理技能有必要列为中层主管培训的第一项！毕竟，人力资源管理是个神奇的管理工具，掌握了一些基本的人力资源管理工具、技能或是意识，那些爆发在日常管理中的各种头痛问题就会减少一些！而中层主管如果明白选用育留与他们的管理意识与行为有密切关系，他们或许会变消极防御为积极防御，这样就有机会把问题解决在萌芽时期！

当然，对于中层主管们人力资源管理技能的培训，除了市场上经典的非人力资源管理部门的人力资源管理课程外，常规的人力资源各模块的知识学习也是不错的选择，或是只要与人力资源管理有关的书籍与课程都是可以考虑引用的。问题不在于他们能学到多少知识与技能，重点在于让这些中层主管们有人力资源管理的意识，加上他们自身所在的位置，只要能够理论与实际相结合，对很多管理问题的解决往往会起到事半功倍的作用。

如果企业有魄力，可以试试角色模拟。当然，这个需要时间来证明或是实践，分短期与长期两种方式：短期是业务部门主管与人力资源部主管工作对调模拟（比如半个月或是一个月为一个周期），一个周期后来讨论与检讨各自对人力资源管理的认识与理解；长期是真正的岗位轮换，这样锻炼各部门主管的综合管理能力与跨部门管理能力，对于中层主管的长远发展是非常有益的。

（2）执行力。上文中提到中层主管执行力是必备素养，确实如此。领导都喜欢指哪打哪，喜欢看结果说话，这就是执行力的魅力！所以，聪明的领导永远不看下属是怎么喊口号的，他们只会看下属做到什么程度，做出什么成果！所以，我们在给中层主管进行执行力培训时，要强调几句话：

如果没有功劳，那么就不要谈苦劳，因为你的苦劳没有任何意义。工作永远不是你以为就是你以为的付出，工作只会是领导以为才是他以为的标准！不管做什么事，结果导向一定是标准！虽然说，没有正确的过程，就没有正确的结果，但是，更多的人往往会跳过过程直接关注结果，执行力一定是有成果而非结果的行动。

管理是严肃的爱，赢的标准在严格地执行！我们要能领会领导的意图，要有把领导意图变现的能力。在这种变现的过程中，必须高标准、有规则地把事情做对，做到位。当然，做对不等于做到位！

执行就是责任到人、责任到底。没有责任的执行谈不上成果，执行就必须做到人人有事做，事事有人做，不同的人做不同的事，每个人都明确自己应该对什么事负责！

其实，对于执行力的培训，方式有多种，除了常规的概念式讲授外，还有实践式的培训方式，比如军训，这是最能体验执行力的核心工具！军队的执行力是每一位想提升执行力的管理者都痴迷的。再比如，拓展活动也是比较直观的一种执行力培训方式，在拓展过程中的互动能够加深每位参与者对执行的理解。再比如，对事件结果的确认与追诉，也是执行力引爆人心的一个重要的节点。简单地说就是敢于并坚持动真格的，这有震撼人心的效果。

（3）领导力。当主管什么最重要？领导力！领导力是什么？就是让别人完成工作的能力！我们说，当中层主管，光杆司令的毕竟不多，更多的是带领一个组织去战斗！那么如何才能让别人服你？如何才能让主管在组织中有威信？如何才能让主管具备人格魅力？这些都可以从领导力来体现！

领导力确实讲究悟性，当然，不排除有些人天生就有领导力，我们说，并不是随意把一个人放在中层主管的位置，他就能做出成绩，或是把这个主管位置经营好！也不是具备某些专业技能，就可以胜任某个主管的位置！中层主管考验的是一个人的综合职业素养，包括专业技能、性格、为人处事方式、战略思维等！所以，对领导力的培训必须列为中层主管培训的核心！如果一个中层主管没有领导力，那么这个主管所在的组织一定不是有凝聚力的组织！因为，没有人愿意替他卖命！

当然，我们在培训领导力的时候，也要清楚地告诉这帮伙计，做到中层主管的位置并不是要上天。因为中层主管既是领导者，同时也是被领导者，也需要定位好自己的角色。比如，如何处理与上司的关系，要做到到位不越位，卡位不错位！如何界定权力与责任的关系，只要你还在组织内，你就是受限的，受监督的，不能随着性子胡来！如何处理规则与创新的关系，就是在服从上司的命令的前提下，在规则内有所突破或是创造性地完成本职工作，这本身也是考验领导力的功夫！如何处理跨部门沟通与协调的关系，大家都在一个战壕里吃饭，互相对等或是职级相同，没有隶属关系，如何让人不带抵触情绪地配合你的工作呢？这些都需要通过领导力培训来提升！当然，让中层主管具备领导力本身也不是件容易的事，需要时间去实践，去总结，或是寻找对标参照物才行！在领导力培训上，可以采用沙盘推演、案例分析、自我检讨等方式，也可以采用外训的方式，比如参加专业的或是系统的各级机构课程，还可以向咨询公司定制。总之，无论是哪一种，适合的就是最好的。量体裁衣才是核心原则，既不能过高，也不能偏低，否则得不偿失。

火车跑得快，全靠车头带，一个组织有没有发展潜力，除了看组织管理者的水平如何，还要看中层管理者们是不是靠谱，毕竟，政策制定后，干部就是决定性因素！没有干部的有效组织与执行，所有的政策都会成为一张废纸！

每一个中层主管都不是省油的灯，我们说中层主管不好哄，毕竟他们也是忽悠人的。如何让他们明白吾日三省吾身，这个本身就是充满挑战的事！

## 04
### 第四节

# 如何培训老板

你的老板爱学习吗？我们老板可爱学习了，不仅自己四处花钱听课，还时不时地让员工也听课！我们老板不爱学习，他认为那些都是瞎花钱！我们老板说，公司讲究拿来主义，需要来之能战的人，哪来的时间去给别人做培训基地！这是前段时间与朋友聊天时的感想，有人说，你们老板这样的认识太消极，要培训他，让他转变思想观念！另外的朋友说，老板可没有这么闲心去折腾，他们的时间会花在能见到效益的事情上！

大家你一言我一语地聊各自老板的想法，有人就问，那么如何去培训老板呢？做 HR 的能给中层与基层员工洗脑还真不算本事，有能耐的都给老板洗脑了！圈里有句俗话说，老板才是公司最好的 HR，不管是什么样的老板，给人洗脑的时候，分分钟大师上线，肾上腺激素飙升让人膜拜！与这样的人演对手戏，没有实力真的掌控不住，因为你的套路，他都懂，你不懂的套路，他还懂！就像打牌一样，对于一个能看清你底牌的玩家，你还怎么玩？

我们说不是猛龙不过江，既然选择了 HR 这条路，就要有专治跌打损伤，专治各种不服的能力与心气。就算面对老板又如何？只要他能坐在台下，你就要摆起老师的范儿！未战先怯乃兵家大忌，我们说，输人也不能输阵，那么又该如何给老板进行培训呢？假如给老板培训，又该培训些什么内容呢？

## 1. 执行力。

为什么说对老板也要培训执行力思维？因为在老板的潜意识里，他们没有错，错的都是执行层！他们信奉的只有两条，第一条，老板永远是对的，第二条，如果不对，请参照第一条！所以，不管什么企业的老板，都会强调三句话，执行，执行，再执行！所以，与老板聊执行力这个话题才能引起老板的共鸣，有了共鸣，后面的话题才能聊。要知道，人世间最痛苦的事莫过于不在一个频道上！当然，对老板讲执行力这个话题，一定要有套路，有方法，观点要新，立意要远，责任要明确。不能一味地强调执行，那样会让老板迷信他自己，神化他自己，让他觉得错误的都是别人！所以，我们对老板讲执行，一定要灌输正确的执行观，既是把事情做对，也是做正确的事，更重要的是选正确的人！

告诉老板，把事情做对，是强调成果意识，就是在执行之前，我们的预期一定是要得到满意的成果！不是为了无原则地执行上司的命令与决策！或是哪怕老板的决策是错误的，也要想办法去把这个决策做到一个让大家满意的结果，或是把损失降低到最小。虽然表面上仍然是执行，但是这是让老板知道，他并不是神，他也会犯错。如果他的决策是错误的，出现损失的程度完全取决于执行者的能力。这样老板在做决策时，才会有对失败的敬畏之心！

做正确的事，是告诉老板，正确的事不一定得到正确的结果，但是错误的事一定会得到错误的结果！但是，正确的事往往需要在决策上下功夫，因势而行、顺势而为的事才是正确的事。这样的前提下，再强调正确地执行，才会达到预期的目的！

选择正确的人，有的老板可能觉得自己只要负责决策就行，剩下的下属去做就好了！问题是，人与人之间的能力不一样，是不是一路人也未必，用起来是不是称心也是未知！历史上因用人不当而遗憾终生的事不在少数！比如王安石变法失败其中一个重要原因就是用人不当，并不是所有人做事的出发点都与你一致！所以，要想真正地解决执行问题，还得需要选择靠谱的人，选择与自己一条心的人，选择对的人，才能把正确的事做对！

### 2. 股权激励。

现在很流行股权激励的概念，都知道对于老板来说，赢在格局，输在计较。但是，格局这种玩意，并不是所有的老板都有，哪怕有些老板明明有，也会装作没有。毕竟，能从虎口里拔牙这种事，做到的真的不多！中国式的老板，喜欢与人谈情怀，让他们与下属或是员工畅快地谈钱，有点蜀道难的感觉！

当然，这类的课程可以建议老板去参加外训，或是老板对这方面感兴趣的时候，为他们选择合适的机构与院校，让他们去接受新的管理理念。在没有外力的因素下，HR 要想与老板聊这个话题，可以在公司内部培训寻找机会，侧面地聊聊平台的重要性，就是向老板解释，建设平台的重要性，用平台利人才能更好地利己！告诉老板，他们的作用要从做蛋糕向分蛋糕转变。全员参与不是口号，如果能做到人人有份，众人拾柴才能火焰高！比如中国式合伙人制度，比如经典的华为式股权制度等等。这些虽然对老板，对企业，对员工要求都很高，但是，只要有这种共赢、利他精神，企业一定会做大，而老板也会从管理者向精神教父转变。对于股权激励这种事，说白了就是让老板学会如何分钱才能赚更多的钱，对老板进行这样的培训，一般的 HR 只能感叹，臣妾做不到！其实，就算做到，老板也未必会信你，因为你不权威！所以，这方面的培训，一定要借助第三方专业的培训机构或是咨询管理公司去完成。这个在实操中要看机会。

### 3. 学习型组织。

鲁迅的拿来主义观点无疑影响很多人，特别是对于老板，赔本的生意他们不会做！或许在实操过程中，没有曹操那种"我不用的，别人也别想用"的态度，但是，我不用的，我也不会让他成长，就算有朝一日他远走高飞，也未必会对我构成威胁！

所谓"问渠哪得清如许，为有源头活水来"，在企业建立学习型组织，核心还在于老板对企业未来发展的判断，以及企业对行业趋势的设想与外界信息的感知程度。中国式管理中，一直都有老大难的说法，即老大重视就不难。如果老板缺少野心，或是无意将企业推上新的高锋，那么说什么学习型组织就是一句空话。因为，学习型组织的建立是个系统与长期的过程，需要一定的资源投入，需要强调长期学习的重要性，需要投放可供学习的资源（包括培训、图书馆、技能学习等），更需要强化或是引导对组织学习的管理，形成制度或是将组织学习融入企业的价值观或是文化中。

老板都重视选人，对育人这方面考虑得不多，其实，建立一个学习型组织对于企业来说，有百利而无一害，当人们习惯于一种模式或是工作方式后，就很难再迷恋另外一种方式！对于企业来说，如果能够营造学习氛围，让员工在这里得到成长，或是与企业共同进步，这无疑是一种教科书中才有的境界！而个人学习，团队学习，组织学习三者和谐统一的时候，又往往会产生更多的化学反应！都说企业的竞争核心在于人才的竞争，人才从哪里来？仅靠从外面招？是人才，谁都想要！别人争的东西，你也要抢，那就要看你能付出多少代价！但是，如果自己在组织内部进行培养，或是营造一种自我学习的环境，那假以时日，组织就会形成一种自带的造血功能，这才是竞争力！

### 4.企业文化。

关于企业文化的概念很多，这是一种既看不见，又摸不着的东西，却是一个组织区别另一个组织的核心元素。对于大企业来说，这是企业创始及后续发展过程中管理层达成一致的各种价值观及实践共识；对于小企业来说，更多的是体现企业创始人的价值观或是打上他思想的烙印。不管是哪一种企业，只要企业存在，就一定存在企业文化，文化制胜已经不是什么秘诀，唯有文化不可复制。

对老板讲企业文化，不是给他戴高帽子，而是以他为核心打造具有凝聚力、战斗力的组织！当然，老板最乐见的是企业文化的视觉冲击，即企业的符号，统一的标识，这个最容易做到。并不是老板认为的那样，只要整整制度，喊喊口号，大家统一服装，让具有企业符号形象的标识印满各种物品就大功告成。

对老板讲企业文化，首先要让老板提炼他对企业管理的认识或是价值观，他对企业精神或企业家精神的理解及定位，以此为核心，形成一整套制度，并影响或是约束企业员工的行为！当然，就像某位企业家开玩笑说的那样，在企业里，他可以吹牛，但是员工不可以！在企业里，只有老板才能去谈企业文化，其他所有的人，都是为文化落地服务的！所以，对老板讲企业文化，不能只是提概念性的东西，那样吹牛是吹不过老板的！我们要想玩得漂亮，一定要把企业文化具体化，变成可转变的、可落地的行为。最重要的是，在给老板培训企业文化的时候，不要忘记一点：老板才是企业文化建设的核心，HR部门只能起到助推或是引导的作用。不是我们来教怎么建设企业文化，而是我们需要告诉老板，如何包装他的思想或是企业文化，并加以落实，然后告诉他这样做能起到哪些作用。这样老板才会认同你或是接受你对他的培训。

### 5. 领导力。

关于领导力这个话题，不光是中层主管们需要，其实对于老板来说更需要！实际上，我们知道，我们进入一家企业后，除非离开企业，不然是没有资格选老板的，指望老板自己校正自己的一些行为或是思想，这样的想法相当于是在讲故事！而职场的规则就是，只有我们去适应老板，还没有让老板来适应员工的说法！

现在很多老板都热衷于参加各类学习班，或是总裁班，当然这种学习热情是好事，既能提升自己的眼界，也能结交朋友，何乐而不为呢？实际上，很多老板在外面所谓的学成归来后，不管有用没用，是否符合企业的实际，就把学来的那一套用到企业管理上，结果往往是水土不服，大家都觉得很累！老板抱怨员工不思进取，层次太低，员工埋怨老板瞎折腾！其实，与其弄这些不靠谱的管理方式，不如换个思路，专注于提升自己的领导力！

有人说，HR怎么能给老板培训领导力呢？难道不可以吗？HR不是号称帝师的吗？没有三两三，敢去上梁山？对于领导力的培训，不同于中层主管们的领导力培训，层次与定位不同。我们对老板培训领导力，主要着眼点在于领导魅力的灌输，很多时候，所谓的人才在选择企业时，并不是选择企业，而是选择企业的老板，他们看重的是老板这个人或是企业的最高管理者，这才是领导者的魅力！

给老板做领导力培训的时候，不能一味地说教，一定要选择好恰当的时机，正式或非正式地向老板灌输领导力的作用。比如古为今用，或借其他案例来剖析领导力的意义，华为、阿里、腾讯、百度式的领导都可以，主要是向老板说明领导力需要体现的是授权、信任、前瞻性、影响力、人格魅力、信仰、胸怀等品质，这才是当老板的正确姿势。

帝师不好当，所谓留候功业何容易，一卷兵书作帝师！能给老板作培训的，都不是凡人，一言为帝者师，但是又有几个老板有如此胸怀呢？所以，如果我们给老板上课，玩的不仅是专业，还有谋略与大势的把握。否则，哪里凉快哪里待着吧！

**05**

第五节

# HR 如何培训 HR

自从加入 HR 这行以来，发现一个现象，就是 HR 可能是最有学习力的一个群体。经常听身边的朋友在叨叨，忙着花样充电，时刻准备着，那种感觉好像只要一声召唤，就能舍生取义地冲上去。不管我们扮演哪一种角色，或是听哪一种课程，有没有想过，哪天我们站在台上，台下是与我们一样叱咤风云的 HR 小伙伴们，我们又该如何对他们进行培训呢？又该培训些什么内容呢？

根据 HR 所处的不同阶段，或是针对 HR 的角色，对 HR 的培训就不能落入俗套，可以从以下几个方面来培训：

**1. 适应力。**

既然选择做 HR 这行，多数情况下是掌握了人力资源管理基础理论知识（非科班的都喜欢考人力资源管理相关证书），或是科班出身，对于 HR 的培训，就不能把专业技能放在第一项来考虑。不管你之前掌握了多少专业技能，或是有多少职场经验，如果你新入职一家企业，你需要建立空杯心态，抛弃过去的一切知识，把自己当作新人，让心沉下来，重头开始。你需要适应与理解新的环境，认识新的人，与新的同事相处与共事，学会适应新的规则；不要轻易地否定眼中看到的事、耳中听到的话，要把一个具体的事件放到整个环境中去思考与理解，这样才能不误会别人，也不会被别人误会。我们 HR 最容易犯的一个错误就是用以往的经验说话，用保守的观念去评价新的环境或是新的游戏规则，这样往往把自己推向同事的对立面！

存在即合理，对 HR 同样适用，毕竟规范的企业真的不多，并不是制度不规范的企业就玩不转！所以，改变之前一定是先适应，如果连适应都不能，还谈什么改变呢？

**2. 学习力。**

只要有企业存在，就会有 HR 的用武之地，区别只是行业不同罢了。如果你不是企业土生土长的 HR，那么你有必要去了解这个企业运营的模式，去学习新企业的产品常识，去学习这个企业的管理制度，学习他们的企业文化。只有掌握这些基本的技能或是知识，别人才会把你当成是自己人，在与他们的沟通中，才会寻找到共同语言，才有机会求同存异！而且，日新月异的社会发展本身也要求我们关注外界的信息，关注行业发展的趋势，只有保持一定的学习能力，才能让自己跟上这个时代或行业的发展趋势，随时用新的理论与技能来武装自己。但是一定要根据自己的发展需求，以及自己的职业偏好或是技能特点选择对自己最有利的信息，然后通过学习，把这些有用的信息转变成有用的工具，这样才能让自己立于不败之地。有句话说得好，终生学习将成为新常态，不怕自己努力，就怕比自己厉害的人还在努力学习，稍不留神，就掉队了！

### 3. 职业技能。

做一行，爱一行，爱一行，干一行，干一行，精一行！我们要知道时间应该花在哪里！不管你如何努力，这个世上总有人比你更努力，不管你如何专业，这个世上总有人比你更专业！但是我们也没有必要惊慌，并不是别人比你强，就一定是你的对手，有时候别人比你强，与你真的是一毛钱关系都没有！除非这个比你强的人是你的同事或是上司，这样才与你构成关系！

不管你是处于哪个阶段，基础的人力资源管理理论，你必须要具备。有人说一个优秀的人力资源管理者必须是半个劳动法专家，必须是半个心理学家。话是这样说，但是各项技能咱们还得一项一项来，毕竟作为 HR 对 HR 培训，站在台上的不一定就比坐在台下的懂得多！只能说师傅领进门，修行在个人！对于 HR 的培训，专业技能可以包括六大模块，也可以包括心理学，或是具体操作工具像 Excel，或是办公自动化的实战技巧，这些都可以考虑。你是做招聘的，那你得精通各类面试技巧与方法吧，你得掌握各类招聘渠道的开发与维护吧；你是做培训的，你得能说会道吧，你得知道如何确定培训需求吧，你自己得能扮演培训师的角色吧等等；你得知道企业人力资源管理流程吧。这些常识还是必须要掌握的。

在职业技能培训这块上，一定要根据不同 HR 所处的阶段进行不同的技能定位。比如专员阶段，那么具体操作层面的专业技能比例要大一些。他们的重点在于怎么把领导交给你的事情做得出彩，做到位，做到让领导愿意多给你一些机会，这样你才能不断地去积累经验，去检验你技能的不足。这就是荀子说的，不积跬步，无以至千里，不积小流，无以成江海。

对于主管层或是以上阶段的 HR，我们的角度要跟着变化了，这个时候就不是只拉车不看路了，我们需要的境界是欲穷千里目，更上一层楼，很多事要从具体的事务中抽身，要学会从管理者的角度去思考问题。也就是说当主管或是经理，我们就成为利益的代言人。我们需要从职场关系而非简单的专业技能角度去思考问题，解决问题，去定位自己的角色。所以，这个时候培训就要转变观念，告诉他们：

战争的目的是保存自己与消灭敌人。很多人在当上主管或是经理后，以为自己很了不起，好歹也是当领导了，容易太把自己当回事，什么事都看不惯，什么事都要管，最后是该做的没做好，不该做的事都做了，最后上下都不说你好，你就离死不远了。所以，我们不能太把自己当回事，也不能不把自己当回事，既要能把自己当别人，也要能把别人当自己，最后还要把别人当别人，把自己当自己。这样才能活下来，只有活下来，才有机会做你想做的事。

帮助你的下属成长。很多人突然升职了，可能心理上还不习惯，还是认为自己是优秀的专员，用专员的做事方式去工作，喜欢单打独斗。这个时候，你会发现，怎么你自己做得越多，你会感觉越累呢？你在那里累得半死，你的下属没事做，时间久了，你也就废了。所以你得学会安排工作，而让别人去完成工作也正是管理的本质。你需要把下属当成陀螺，你只要学会在适当的时候甩鞭子就行。如果你只是中层，你需要当个管理者而不是领导者，管理者需要手段，是让人恨也让人爱的角色，而领导者是留给高管的，他们只让人爱不让人恨。

成就你的领导。我们说超越自己才有机会成就领导，而只有成就领导，你才有机会赢得未来。在职场上混永远不要忘记，世上没有无缘无故的爱，也没有无缘无故的恨，你是来做什么的？你存在的价值是什么？你是来背锅的，不是享受阳光的。你是来做领导不方便做的事的，不要去试图改变领导的决定，你的存在只是为了让领导的决定得到准确地落实，不要说你是这么想的，而要考虑领导为什么是这么想的！领导会不会带你玩，取决于你能跟着领导走多远。你能用你自己的方式去解决领导想要解决的问题，你就是领导的小棉袄，是他的小哪吒，很多时候真的不是你的领导不行，而是你不行。

### 1. 变革能力。

对于高层次的 HR 来说，他们存在的价值已经不是单纯的带领团队做事，或是实现团队的价值那么简单了。这个时候，我们对他们的培训，就不能满足于传统的专业知识，而是需要对他们进行特殊的培训，这种特殊的培训就是组织变革能力，直白说就是能够通过变法来实现领导的意图，这也是传说中的相互伤害的本领。

提到组织变革，圈里人第一反应都会想到商鞅、王安石、张居正几位历史大牛，有的失败，有的成功，有的是个人与组织双失败，有的是个人失败组织成功。这说明组织变革是利益再分配的过程，是一个阶层突破另一个阶层封锁的过程。这个过程是需要流血牺牲的，不会那么温良恭俭让，不会那么和风细雨。所以，每一位被赋予变革职能的 HR，都需要在心里去评估自己的能力，这个能力不仅仅是专业技能，还包括天时、地利、人和，也包括自身战术的运用，人格魅力的吸引，组织能力的保障，领导支持力度，以及对手的职场智慧等一系列因素。并不是说你手里拿到一张好牌，你就能打好，也有把好牌打烂的情况。比如建文帝就输给了他的四叔朱棣！对于变革能力的培训，必须要讲授更多的专业技能以外的东西。让他们意识到这不是工作，这是斗争。这个不是把理论拿来就用，也不是学会各种知名企业的制度就能复制，更不是听了大咖的课就热血上涌喊打喊杀，扔出几份文件出去就能解决问题的。变革能力的养成不是一朝一夕的事，培训也不过是让 HR 意识到且行且珍惜，不要轻易拿起屠刀，没有必死之心，就不要练《葵花宝典》！

**2. 战术运用能力。**

提到战术两字，好多 HR 可能会不屑，大家都是出来混的，干吗非得弄得仇人相见分外眼红的样子，你给我多少银子呢？我犯不着过着提心吊胆的生活！这种想法的不是不可以有，那要看你是什么样的人，你有什么样的追求。你说你是胸怀宇宙，不计个人恩怨，更不在意那几个臭铜钱，那就无所谓，只要按时打卡下班就行，其他的都是浮云。如果你想实现你的价值与抱负，你不甘心平庸，那么你就要争取你的位置，争取老板的认同与信任。同时，你还得想方设法保住你的位置才行，我们说，有为才能有位，有位才有机会。但是，这一切都需要战术的运用！

行走江湖，你如何保住自己的位置，你如何躲过别人的明枪与暗箭呢？谁不是戴着面具与别人周旋呢？无论是先下手为强，后下手遭殃，或是后发先至，都是想着大干一场。现实就是这样，竞争与合作的存在是建立在谁也弄不死谁的前提下的，谁要有能力干掉对手，相信每个人的口号都是卧榻之侧岂容他人酣睡！所以，不要喊着，春有百花秋有果，夏有凉风冬有雪，若无闲事在心头，便是人间好时节！有那份闲心，看看《孙子兵法》。

其实，对于 HR 的培训，形式有很多，既可以是部门内部的师徒制，也可以是定期的读书分享会，还可以是岗位的轮换交流，也可以是参加各类专业的外训。如果公司费用预算不足，或是公司就没有这方面的先例，那么只能自求多福，你是HR的老大，你就负责对 HR 们进行培训了。能不能用你的观念去说服他们，这就要看你的实力了！其实，大家都习惯了各种专业套路，或是理论式的纸上谈兵，如果你能换个方式或是换个角度去对他们进行培训，那就是奇兵！如果读书有用的话，经验还值什么钱呢？谁的经验不是用血与泪换来的呢！

古人云，文无第一，武无第二，我们 HR 不能犯这种同行相轻的毛病。很多人都把心思花在专业上，好像只要掌握了专业知识就一定可以飞黄腾达一样，其实，所谓的专业知识，你能学得完吗？你学得再多你能牛得过各种搜索引擎吗？人无我有，人有我新，人新我奇才是我们需要考虑的事，兵者，诡道也！

## 06
### 第六节

## 培训计划实施推不动，怎么办

A 公司培训经理吴小姐最近很是苦恼。这不，眼看着原定本月举办的由生产部经理老胡讲授的《JIT[①] 精益生产管理》这门课程却被老胡一拖再拖，培训课件迟迟未交，反复多次沟通，都说太忙没时间，已经被推掉三次了。好不容易说好昨天可

---

① 准时制生产方式（Just In Time 简称 JIT），又称作无库存生产方式（stockless production），零库存（zero inventories），一个流（one-piece flow）或者超级市场生产方式（supermarket production）。

以安排培训的，但他又说生产任务紧，加班都忙不过来而推掉了。吴小姐这个月的培训绩效不达标了，后面也不知道怎么办才好。

所谓人算不如天算，总会有意外，计划是否顺利实施，除去客观因素外，和个人的主观因素也是分不开的。毕竟重要而又紧急的事是最先做的，但是生产部不像别的职能部门，不可能生产部经理既当指挥员又当战斗员！

所以，对于吴小姐来说，这事还得想办法解决，比如说：

## 1. 单刀直入法。

定了培训计划不实施，领导会有想法的。直接找到生产部经理，开玩笑说，您老又放我鸽子，我的领导都对我说事不过三了，再不搞这个培训，您还是上甘岭战役的连长，咱只能是黄继光了！如果您实在抽不开时间，要不您对我领导说这个培训取消了。相信胡经理听到这话，总会给个交待，要么再定时间把培训做了，要么就是和领导打招呼说取消。

## 2. 矛盾转移法。

向部门领导说明原因，把与生产经理沟通的过程概括一下，说明目前生产部比较忙，要不对生产部经理的那个培训计划进行调整，考虑延后，或者取消，以后再安排类似培训。同时，暗示部门领导跨部门间的沟通与协调，还是需要领导出马才能摆平！毕竟级别不对等，关键时候还是需要带头大哥出马！既摆事实，又送高帽子，让领导们去过招吧，神仙打架，小鬼就不去掺和了！

### 3. 曲线救国法。

既然胡经理经常以生产任务忙为借口，那就看看下月培训计划中有没有关于时间管理的培训。如有则在培训名单中加入生产部胡经理，如没有则向领导汇报，建议加开一期时间管理的培训课，可内训也可外训。只要胡经理去听课，剩下的就是找胡经理再谈了，落实精益生产的培训正好是检验时间管理的培训效果，如果胡经理再不落实，那说明胡经理参加的培训没有效果，公司会有想法的！如果胡经理不去参加时间管理的培训，说明胡经理在时间掌控上已经到位了，哪还有什么理由不落实精益生产的培训呢？横竖都得让胡经理往坑里跳！

对于胡经理来说，培训是传道授业解惑，既能证明自己的学识，又能培养下属。再说了，作为生产部经理，要学会放风筝式管理，遥控指挥嘛，不能像诸葛亮事必躬亲，结果累死在五丈原！

对于 HR 来说，既要借力打力，又要隔山打牛，总之一句话，有条件要上，没条件创造条件也要上！有选择地退让不是无原则地忍让！

## 07

第七节

## 如何让培训效果转化为生产力

企业在组织某些培训时，培训过程中大家听得热血沸腾，员工都觉得很受用，培训后现场测试的成绩和效果也还不错。可这仅是三分钟热度，一周后90%的人还是在原地踏步，没有什么改变，这是许多 HR 无法回避而要去解决的问题。出现这种问题，你会采取怎样的行动，让培训效果真正落地，转化为生产力？

培训就是老板出钱，员工出力的事，要说培训行不行，关键看执行！但是很多时候，上有政策，下有对策，老板对员工是剃头担子一头热，员工对老板是添人不添力！所以，碰到这种情况怎么办？可以采用以下办法：

## 1. 宣传有方法。

开展培训时，就得告诉受训人员，公司希望通过培训达到什么效果，需要怎么做？培训后，大力宣传培训的内容，同时开展专项活动，比如某某活动月，定主题、定方案，成立专项小组，制定奖惩措施。早会、例会、月会，天天说，周周讲，让培训的内容深入人心，不断引导与暗示公司希望达到的效果。员工嘛，都是不见兔子不撒鹰的主，公司都面朝大海了，员工自然春暖花开啦！

## 2. 执行有承诺。

培训时公司要定下规矩，让执行的人写承诺书，将承诺书在全体员工大会上公布，让员工来监督。计划公开、执行透明、监督有力，凭事实说话，让数据说话，让执行不到位的人愿赌服输，毕竟群众的眼镜是雪亮的。我以前就因为没有完成月度招聘任务，在公司主管会议上生吃了两根苦瓜……这样的执行力，谁敢不当回事？

### 3. 检查有力度。

培训后不仅要测试，还要行动起来。再好的方案，不执行都等于废纸一张。有执行，不检查也等于小猫洗脸，表面文章。有检查没反馈，也是雷声大，雨点小，不起作用！

所以，培训后的执行力度，就要步步为营，层层推进，稍有风吹草动，那就给他一梭子，决不放过漏网之鱼！检查也是搂草打兔子，搂草只是过程，打兔子才是目的！

对于 HR 来说，让培训效果落地，这可是技术活，既要拉着虎皮扯大旗，又要借力打力，HR 也要有意识的建立高压线，让人不敢轻易跨越雷池一步。

## 08
### 第八节

## 工作时间做培训才有效果

培训是企业文化的一部份，通常来说，公司倡导什么，员工就注重什么。公司在组织培训时候需要考虑，培训的目的是什么？不管怎么说，培训都是为了提高员工的职业技能，使之更好地为本岗位服务。那么员工的技能提升了，第一受益人是员工，最终受益人却是公司！很多公司喜欢在下班后进行培训，不知效果如何，也许员工敢怒不敢言，也许表面积极参与，实则内心无奈……

### 1. 磨刀不误砍柴功。

所谓快刀斩乱麻，前提条件是刀要快，拿把破刀还砍什么柴？只顾砍柴不出力磨刀，刀钝了怎么办？换刀可是要银子的！如果前不着村，后不着店，再没有备用的刀，还砍啥柴？直接歇菜，这个损失更大！所以，保险的做法就是出门带上磨刀石，随时随地可以擦两下，既能可持续生产，又可提高工作效率，一举两得的事，何乐而不为？

再说了，工作时间培训必然与工作相关，只要员工技能提升，学到本事，把新技术、新方法运用到工作中，那么培训所用的时间，和员工及公司的获益相比，不过是九牛一毛的事！

### 2. 道高一尺、魔高一丈。

如果业余时间做培训，再额外支付加班费，1.5、2倍的比例，这个比工作时间的培训成本还高，得不偿失。再说业余时间做培训，谁能保障员工的心在哪里？所以，工作时间做培训，反正工作也是那点薪水，听课也是那点薪水，公司不亏、员工不赚，还有什么好说的！

这年头，老板算盘打得好，不如员工笔记记得精，员工认为工作的事工作时间做，工作时间外再做和工作相关的事，那就得给银子才出力！业余时间做培训，员工会问有加班费不？如果说没有，让组织的人怎么想？让参训的人怎么想？

### 3. 好钢用在刀刃上。

对于员工来说，工作时间是为了生存，业余时间就是享受生活，虽然企业想让员工把业余时间贡献出来，但是并不是所有的员工都有管理者的觉悟或是股东的奉献情怀的。

把培训放在工作时间，让员工明白，培训也是一种工作，既然老板付你薪水，你就得努力工作；同时，也要让员工知道，既然都是工作，就得合理安排时间，提高工作效率，把时间用得高效，用到点子上。因为你的工作没人替你做，最终还是你自己完成，这就逼着员工不断地提升自己。

对于员工来说，要把工作与生活区分开来，不会休息就不会工作嘛。

对于公司来说，企无人则止，不要指望员工把青春献给你，还是留点念想吧，所谓的科学发展观就是要可持续发展！

## 09
### 第九节

## 如何有效管理内部兼职讲师

有次与同行马先生聊天时，他说他们公司讲师多为内部员工兼职的，除了培训他们还有更重要的本职工作要做。经常出现兼职不兼责，忙于本职工作而随意应付的现象，如借口推迟或取消授课计划、课件准备匆忙或粗糙、讲课很不积极，甚至对讲师津贴（一般不多）都不太感冒等。这让他非常郁闷。如何更有效地对他们进行日常管理、考核、激励和淘汰，调动他们的积极性？有什么靠谱的招数吗？

内部讲师毕竟不做专职的活，有时候顾头不顾尾也是常有的事。如何让这些人跟着组织走，按部就班地完成自己的角色，确实是个头痛的事。一般情况下，可采取下列方法：

### 1. 动之以情。

有时候，很多人真的不在乎那两个小钱，事到临头打退堂鼓时有发生。这个时候就要和讲师沟通，摆事实，讲道理，打消讲师的疑虑，并力所能及地提供后勤保障服务。当然要让讲师明白，如果这事黄了，愧对同事的信任是小事，对不起组织的培养是大事，辜负领导的嘱托后果真的很严重！

如果讲师真的不上路子，那么也不能怪 HR 了，虽说 HR 捧人有点难度，但关键时候在领导面前使绊子，真的不是什么难事！

### 2. 诱之以利。

对于内部讲师来说，激励是必须的，虽然是兼职也要有一定的奖励标准，这种激励标准最好是又得名又得利的事，做得好有赏，做不好挨罚。让人觉得只要按时完成讲课任务，那奖励肯定跑不了！这年头，没有人会嫌银子烫手。

兼职毕竟不是专职，只有当组织需要的时候才挺身而出，一展所学。所以制定培训计划时，在时间上要和讲师充分沟通，确定时间后要上报公司领导，并发文通知。让讲师明白这个培训既是组织需要，又有领导重视，如果讲师放大家鸽子，那就是不知道死在眼前！

### 3. 示之以威。

我们说计划能否落实到位，关键看执行如何？当培训计划确定了，不是哪一个人可以随意更改或取消的事，要么开始你就不答应，答应了就得做到位，不能视制度如儿戏，否则，何以服众？ HR 要在执行过程中告诉别人，蔑视制度者，杀！必要时讲师不执行，他所在部门全体受罚，让讲师有点压力。不执行，或应付交差，那可对不住全部门的人。

对于讲师来说，面子是别人给的，更是自己挣的，说出去的话，就是泼出去的水。对公司没有借口，对同事信守承诺，对学员以身作则。

对于 HR 来说，内部讲师本身就是兼职的差事。我们需要做的是培训前多沟通，培训中多捧场，培训后多夸奖，多做让人扬名立万的事。

## 10
### 第十节

## 怎样合理设计培训课程体系

每个企业都会有培训，培训课程至关重要。课程的种类、数量、来源，是否系统等，都会因每个企业的实际情况和操作而有所不同，那么问题来了，怎样设计合理的培训课程体系呢？

我们说培训三要素：讲师、课程、学员，其中课程又被称为灵魂！培训的核心就在于课程！而上升到课程体系，概念又广了，包含课程设计，课件制作，课程的审核与评估，我认为课程体系的核心在于因材施教，因人施教，而不是有教无类！

我们说，要想设计合理的培训课程体系，既有常规的方法，也有不按规矩出牌的方式，适用为王，大家好才是真的好！

### 1. 以岗位为导向。

课程设计为谁服务？当然是从事各项工作的具体从业者。所以我们要做的事就是先对岗位进行分析，根据岗位说明书的内容提取各岗位的核心技能，或是研究各个岗位的纵向发展与横向拓展的需求，然后设计满足各个岗位不同阶段需求的课程。有人说，这样的事只适合大公司，小公司不会分那么细，一专多能者有之。我们说可以进行归类，考虑岗位普遍性与特殊性，兼顾共性课程与提升课程，这样就能达到目的。

### 2. 以目标为导向。

有人说用岗位说明书太麻烦，有没有疗效快的方法，这个可以有，我们可以根据考核或是日常工作，观察与总结各岗位表现出的不足，进行分类，或是根据领导对某个部门或是岗位的期望来跟踪，或是为了达成某项具体的目标进行复盘，从中找出可能会影响项目推进的相关因素，围绕这些因素的解决来设计相关的课程。以目标为导向的课程设计，既可以作为长期的战略设计，也可以用来达成短期的战术目的。一切都是为了完成目标而存在，为了让员工从差变好，从好变优。

### 3. 以企业文化为导向。

公司需要的是能够认同企业文化的员工，如果不能认同公司文化，即使再优秀的员工也不是公司篮子里的菜。老板需要的是虽千万人如一人，不是千万人如万千人。所以企业文化类的课程基本以公司制度、流程、员工守则、公司经营理念、公司发展史等为主，兼顾各类拓展活动。这也是各公司必备的套路，毕竟江湖上流传一流的企业管理靠文化，企业文化就是一碗鸡汤。

### 4. 以提升管理技能为导向。

方向定了，干部就是决定因素，如何让管理者到位不越位，正位不错位，这需要不断地为管理者进行技能方面的知识补充，通过培训来提高管理者的理论与技能水平。在实际工作中，经常会发现有人才华横溢，有人技术超牛，但是当他们屁股坐在管理者的位置上，一切都不是那么回事，就会犯傻，做一些不靠谱的事情！

本类课程设计主要以执行力、管理理论、管理方法与控制类为主。一般情况下，需要各级管理者发挥主观能动性去解决问题，但有时候管理者会把自己当木偶，老板推一下才动一下。所以，还是有必要让管理者紧跟老板的步伐走，提升管理者的敏感度与洞察能力。

本类培训还需要考虑各级管理者的知识水平与结构，有些管理层经验没问题，但是受自身文化程度影响，对一些理论类的培训接受程度还是有些低。最好是安排实战型的培训，这样更容易理解。

### 5. 以业务提升为导向。

本类课程主要是以部门为单位，根据部门职能需求，设计各类专业对口的针对性课程，如：人力资源部安排法律法规、招聘对策、绩效管理工具等；质量部门安排 ISO 类理论培训、质量控制方法与工具等；生产类安排现场管理、5S 管理、TPM 等；销售部门安排营销模式、商务礼仪、沟通技巧等；研发部门安排产品开发技术、各类软件技术操作等。

本类课程既着眼于解决目前工作中实际存在的问题，也立足于让员工提升自身的业务水平，满足员工自我成长的需求，达到开发员工的目的。当然，这类课程的参与对象要是适合的人才行，避免鸡同鸭讲，以免出现听者无心、讲者没趣的现象！

培训不是重在参与，而是重在提高，所以，在设定培训课程时，不是啥好补啥，而是缺啥补啥。须知，再好的菜，如果没有胃口吃，那就是浪费！

培训课程体系的选择，还要做到选对课、找对人，避免想听的人听不到，不想听的人听不懂！

## 11 第十一节

## 如何合理签订培训服务期协议

企业付费输送员工委外培训，往往都希望员工培训后在公司能服务久一些，提高投资回报率，降低费用风险，通常会采用跟员工签订培训服务期协议的方式来规避风险。那么如何更好地跟员工合理签订培训服期务协议？

对于企业来说，如何让员工死心踏地跟着组织走，除了让员工看到希望外，还要让员工得到真正的实惠，只有让员工的技能进一步提升，才能更好地为企业服务。同时，企业花钱让员工外出培训，需要员工能够回报企业，没有老板会把培训当慈善做。老板是生意人，生意只有买错，岂有卖错之理？

对于企业来说，银子不是随便花的，想拿银子也要拿点诚意出来，如何最大化地保障投资回报率？与其让员工唱赞歌，不如让员工带上紧箍咒，让员工不能轻易越雷池一步，否则，老板只要歪歪嘴，员工就知道痛字怎么写。

和员工签订培训服务期协议时，需要注意几个方面事项：

### 1. 选对人最重要。

企业对于员工培训的预算是有计划的，不是谁都能享受这个待遇与福利的。让谁去培训？这个很关键！一般来说，优先考虑核心人员、储备人员、业务能手等。对于老板来说，这银子给谁花不是花？当然要选对企业忠诚、有培养前途、或是能对当前与未来的工作起到重要作用的人员去培训，这样的投入才是放长线、钓大鱼的买卖。

对于老板来说，也会考虑这个岗位、那个课程有没有必要去培训？不是谁想学习就能学了，你想学的，不是老板想要的，他投入做什么？让合适的人，听合适的课，花该花的银子这才是合理的投入！

### 2. 明确培训效果与要求。

签订培训协议时，必须明确外训员工需要拿回来的成绩、材料、相关证书、学到的技能、能够分享的成果。公司也可提出其他需要达到的学习要求，没有压力哪有动力？

让员工外出培训，不是外出旅游，吃喝玩乐转个圈就回来。欢天喜地学习去，愁眉苦脸回家来？这是胡扯！既然让员工外出培训，老板就是把员工当唐僧。管你如何辛苦、如何疲惫，取回真经你就是功臣，拿个无字经书回来，那就不像话。这样天大的苦劳也是白劳！

### 3. 先小人后君子：明确违约责任。

所谓明人不做暗事，协议中也要把话挑明了说，摆在台面上谈，明确双方的违约责任，要考虑双方的合理权益，不能只进不出！

协议中可说明：员工未能达到培训的要求，未能达到培训的预期目标、或是培训期间损害公司的形象与利益，公司有权做出相关惩罚，情节严重者，可解除劳动合同。

### 4.约定服务期。

既然企业出钱给员工外训，当然希望把培训的效果转化成生产力，为企业带来效益，不会让员工想当然地就走人。企业是讲究可持续发展的地方，最好的方法就是和员工约定服务期。

以前在公司工作时，我们对外训员工都会约定服务期，反正是姜太公钓鱼，愿者上钩的事。再说了拿人钱财，替人消灾，只有签字画押了，老板心中才有底，老板会想，小样，吃了我的，总得给我吐出来吧！有了把柄在手，哪怕你是孙悟空，也翻不出如来佛祖的手掌心！

比如说，我以前服务过的公司，与员工就培训服务做如下约定：

| 培训费用 | 服务期限 |
| --- | --- |
| ≤ 2000 | 1年 |
| < 5000 | 2年 |
| ≤ 10000 | 3年 |
| ≤ 15000 | 4年 |
| ≤ 20000 | 5年 |
| ≤ 50000 | 8年 |

当然，如果一年内有两次以上培训，服务期年限分段计算不合并。

如果提前离职，赔偿金额按月计算扣减，比如：（服务期工作年限总月－已在公司服务月）×（本次支付全部培训成本费用÷服务年限总月）

对于外训的员工来说，服务期就是卖身契，想好了再签，签了就不能说走就走！

对于企业来说，和外训员工签订服务期协议，表面上看是周瑜打黄盖，愿打愿挨的事，实际上就是死诸葛吓走活司马的把戏，玩的就是心跳！

我们说，用人是为了育人，育人才能更好地留人，如果企业不能让员工实现价值，那么再长的服务期也约束不了员工那颗骚动的心！手有金箍棒，何处不捉妖？

## 12

### 第十二节

## 如何合理选择培训授课形式

设计课程时，为了更有针对性和保证效果，往往需要提前考虑和选定培训形式。而培训形式多种多样，有纯讲解式、案例式；有拓展训练、沙盘模拟、实战演练；还有视频培训、E-learning[①]等等。那么，你会怎么选择培训形式呢？

企业在开展培训时，要根据听众、讲课内容选择合适的方式，不要拘泥于形式，兵无常势、水无常形，可根据天时、地利、人和，选择有利于企业的授课方式。

————————

① E-Learning：英文全称为（Electronic Learning），中文译作"数字（化）学习"、"电子（化）学习"、"网络（化）学习"等。不同的译法代表了不同的观点：一是强调基于因特网的学习；二是强调电子化；三是强调在 E-Learning 中要把数字化内容与网络资源结合起来。三者强调的都是数字技术，强调用技术来对教育的实施过程发挥引导作用和进行改造。网络学习环境含有大量数据、档案资料、程序、教学软件、兴趣讨论组、新闻组等学习资源，形成了一个高度综合集成的资源库。

### 1. 讲解式。

本类培训主要是一些理论、企业文化、制度与流程类的培训，以讲师讲解为主，就像学校的老师上课一样，讲师在台上吐沫横飞，学员在下面埋头速记。

优点：对一些理论上的知识点，还是讲解为主，容易理解，加深学员的认识与理解。再说了，只要讲师表达能力强，舌吐莲花，能够与学员互动，那么点燃激情、传递梦想就不是空话。

缺点：这属于填鸭式的教育，如果讲师不能调动现场的气氛，那样就是讲师只管尽情挥洒自己才华，哪问学员苦与乐。结果就是你讲你的，我玩我的，这边结束，那边就一拍两散。

### 2. 案例式。

本类授课对于法律法规、沟通技巧、人力资源类、销售类等培训比较合适，能够让学员直观地了解与认识，理论联系实际效果更好。

优点：能够让枯燥的理论形象化、生动化、能够激发现场学员的思维，将学员带入情景中，不自觉地完成角色的替换。还可以让学员知道答案后，有一种茅塞顿开的感觉，这种点拨之手犹如神来之笔，让人叹为观止。

缺点：如不能激发学员自发的思考，而是一味地抛答案，就会让学员关闭自己的脑袋，等、靠、要，反而不利于学习。

### 3. 拓展训练。

这类培训最大意义在于寓教于乐，让人快乐学习，不感觉枯燥，玩得开心，学得快乐，适用于团队的训练，让人明白配合、团结、信心等意义所在。当然，这类培训还是通过外训来达成，通过专业的公司来运作。

优点：学中玩，玩中学，不会觉得沉闷、枯燥。所谓踏破铁鞋无觅处，得来全不费工夫。开开心心就把该学的、不想学的都学了！

缺点：专业的拓展公司成本高，需要老板有舍得孩子套住狼的魄力，就怕折腾到最后，银子花了神仙却没看到！这种团队的拓展训练，如果大批量（特别是制造业）的人员参加，时间上必须统筹安排好，免得影响生产，那就得不偿失了。

### 4. 视频。

这类培训主要是一些目前流行的课程、或是一些培训公司推出的试听教程、还有就是各类专业的光盘教程，这类光盘的作者都是权威人士或在某一领域内具有深厚的理论素养与丰富的实践经验。

优点：成本低，不需要请讲师，只需要集中人员或是每人发一盘就可以看，时间与地点不限，既可集中又可分散，方式灵活。这类培训玩的是境界，是属于师傅领进门，修行靠个人的模式。

缺点：并不是所有人都能照葫芦画瓢，搞不好就是知其然不知其所以然，半桶水又能晃成啥名堂出来呢！

如果不是集中学习，个人能够单独学习？这个真的值得怀疑。

根据不同的内容，不同的对象选择不同的授课方式，既要名师指路，又要自己悟。而自己悟道稍不留神就会走火入魔了，不要独孤求败没当成，搞个东方不败出来就悲剧了！

不管什么形式的授课方式，都离不开讲师的引导，为人师者，最得意的事莫过于桃李满天下，青出于蓝而胜于蓝，最郁闷的事就一代不如一代！

第四章

PART 4

———

薪　酬

# 01

## 第一节

# 如何设计薪酬方案

前段时间，有位同行发过来一份薪酬制度，问我能不能帮着看看，或是给点建议。与这位同行交流过程中，我是倾听者，听对方表达她（准确地说是她的上司）的一些想法，这些想法也贯穿在整份薪酬制度中，看完对方的薪酬制度后，我开玩笑说不是市场上流行的东西就是好东西，要看这玩意与你公司是不是匹配！有些东西别人用得好，不代表你也能用得好，别人用得不好，也不代表你也用不好！

我们都知道薪酬是敏感的话题，蛋糕虽好，分不好就容易出事，并不是所有的牛奶都是特仑苏！在公司做事就不能不谈钱，当然也要远离那些不谈钱的人，因为他们不差钱！既然谈钱，就要谈谈钱是怎么来的，包含哪些组成部分。那么问题来了，如何去设计一份靠谱的薪酬方案呢?

**1. 设计薪酬考虑的因素。**

薪酬不是孤立存在的，也不完全是老板拍脑袋决定的，当然不差钱的除外。我们在设计薪酬的时候，要评估涉及薪酬组成每个部分的差异。

（1）市场因素。同能不同命这种情况真的可以有，市场由供求关系决定，供大于求，供小于求，自然会让市场上流动的劳动力（人才）的价格像潮水一样波动！市场只是参考，什么都按市场来，老板的小心脏真的受不了！不管市场行情如何波动，每家企业都能找到适合自己的人。但是，完全不管不顾市场行情也不行，毕竟趋利避害人之本性，你与市场差距太大，人家有人才，你可能什么都没有！所以，在设计薪酬方案的时候，市场因素一定要考虑的。

（2）公司实力。不是每一家企业都是BAT（百度、阿里、腾讯），也不是每一家企业都是华为，没有公主命就不要得公主病！癞蛤蟆想吃天鹅肉没有错，想想就行了，平时该吃啥就吃啥吧！公司的实力决定你能拥有什么水平的工资线，财大才能气粗！公司老板的魄力或是经营观念，决定企业能为员工提供什么样的待遇与平台；而老板或是高层管理团队对薪酬的理解与重视程度会直接影响到员工的切身利益；而公司发展阶段不同，对薪酬的定位也有所不同；看图说话好过做梦说话！

（3）地区差异。有人说过要逃离北上广深，就是传说中的城市套路深，我要回农村。不可否认，地区差异是一道过不去的坎，一线吃肉，二线啃骨头，三线喝汤，四线只能吃咸菜了！同样是最低工资标准，一线城市的能甩二线的好几条街，二线的又甩了三线的几条街！一个城市的经济发展水平必然影响着这个城市的消费水平与员工薪酬水平。你会发现，同样的总监，一线有年薪百万的，三线有年薪十万，是他们水平差距太大？环境不同，这都是命！

（4）员工预期。所谓人比人得死，货比货得扔，有时候并不是你努力了就会有好结果的！

人在屋檐下，不得不低头，并不是你值多少钱，就能拿多少钱的！地域，环境，生活习惯，个人技能或是理想等都会影响一个人对钱的态度。所以说，高能低薪的有，高薪低能的也有，这个本身也是周瑜打黄盖，愿打愿挨的事！我就要黄金屋里共枕眠，不要茅草屋里悲春秋，你又能拿我怎样？

刚出校门的大学生，与职场打滚过的老油条对薪酬的预期肯定不一样，职业上升期与职业下降期对薪酬的期望又是不一样的，单身狗与已婚族对薪酬的需求又是不同的。所以，员工预期也是薪酬设计时一个重要因素！

**2. 薪酬设计的原则。**

薪酬是个头痛的事，也是企业中最能引起别人讨论的话题，如果说有什么能够一石激起千层浪的事情，那么一定是关于薪酬的各种小道消息！所以，为了减少薪酬的话题性，在设计薪酬之前，就要考虑一些原则：

（1）公平性。这个世界上只有面对时间与死亡才会有绝对的公平，其他时候我们追求的不过是相对的公平而已！对于薪酬这样的事，古人云，不患寡而患不均！所以，在设计薪酬方案时，公平性一定要放在第一位米考虑！可以有同工同酬，也可以有同工不同酬，不管是哪一种，你要能拿出让人信服的理由或是依据出来！不管是员工享受哪一种水平的薪酬，一定是与他个人的能力或是贡献相匹配的，这种公平不仅表现在获得工资的显性工作能力上，还要表现在获得利益的隐性能力上。比如有人凭能力拿工资，有人凭关系拿工资，有人凭技术拿工资，只要是做到别人做不到的事，就有资格去拿他应得的薪酬。

公平性不仅要考虑公司内部的公平，还需要考虑公司外部的公平，这样才能有机统一。公司内部公平是为了调动员工的积极性，而外部公平就是为了强化员工的稳定性，避免员工这山望着那山高。

（2）激励性。设计薪酬最怕的就是大锅饭，凭什么干多干少一个样呢？凭什么我累死累活，还不如人家喝茶看报纸混得工资高呢？所以在设计薪酬方案的时候，就要有那种人有多大胆、地有多大产的魄力，特别是对于销售、生产类的员工来说，就是要激发他们鼓足干劲、力争上游的热情。那么在薪酬设计中就要有足够刺激的因素在内，这种因素可以最大限度地调动每位员工的积极性，这样的薪酬方案对员工才有诱惑力，也是企业在市场竞争中能够吸引人才的一种关键因素。我们说，凡是能用钱解决的问题都不是问题，问题是就怕别人对钱不感兴趣。

（3）合理性。经常有网上爆出某企业高管的薪酬是基层员工的几十倍或是上百倍，这样虽然真的非常刺激，只是会把员工思想整麻木了。我们说，太容易得到的钱与太不容易得到的钱都会影响人的思想与行为。在企业里，真的不能强者越强，弱者越弱，毕竟，企业也是由每一个不同岗位的员工组合而成，聚沙成塔，并不是每一粒沙子都是无足轻重的！它们有它们的使命与价值。所以，薪酬要体现人尽其材，物尽其用，尊重每一个人的劳动成果，让他们的价值与岗位薪酬对等。

（4）差异性。虽然我们强调薪酬要有公平性，也要有合理性，但是，薪酬也要有差异性。如果各个岗位都能看到几年后的自己还是原地不动的薪酬，或是到了某个岗位还是那样的薪酬水平，这样的薪酬就会成为鸡肋了。如果薪酬没有差异性，哪来的宽带薪酬概念呢？同工也是可以不同酬的，同一个岗位因为资历、能力、经验、技术等因素不同，也是可以分出不出的薪酬的。这就是差异，而且这样的差异在企业里也是可以接受的。当然同工同酬的另外一层解释就是，在同一个位置上，不受资历、经验、技术等级、入职年限等因素限制，哪怕你是刚入行，只要你的贡献达到了企业的预期，你的薪酬也一样可以秒杀资深员工。

### 3.薪酬的类型。

虽然薪酬设计时需要考虑很多因素，但是实际操作时，只要把有些因素进行排列组合，就可以整合成不同的薪酬方案！

一般来说，薪酬方案设计时，有下面几种方案可以考虑：

（1）固定工资。对于一般的管理人员，特别是没有多少波动的岗位，许多公司喜欢用包汤圆式的薪酬模式，就是那种固定薪水的。某个岗位某个固定值，没有其他期待，就是死工资；不管是你活多活少，不管你能力大小，就是一刀切解决问题，当然，这是根据公司所处阶段，老板个人管理理念以及具体工作岗位等综合因素来定，不能说不科学，只能说有些岗位是可以这样操作的。

（2）浮动工资。浮动工资，就是工资变化发展的，会随着员工技能与业绩的变化而发生波动！比如像销售类的纯提成工资制，一线生产人员的纯计件工资制（就是单位时间内的产量乘以单件单价，不过这个单价的核算或是个大问题，也是难题，需要定额测算）、计时工资制（有两种方式，一是以工资总额为标准核算小时工资，另一种是最低工资基数为标准测定小时工资数，然后按月工作小时总数来核算工资）。这类型的薪酬方案主要核心是鼓励多劳多得，充分调动该类员工积极性的一种工资方式，同时也是最有保障和最没有保障的方式，是业绩为王的模式。没有业绩，所有的辛苦都是打了水漂。

（3）固定＋浮动。对于多数员工来说，并不是所有的人都有勇气接受纯浮动工资的薪酬方案的，也不是所有的人都甘心拿固定工资的！这个时候，既有保障又能满足一些人的追求，梦想的薪酬方式就出炉了，就是固定工资加浮动工资的形式！

而在设计固定工资结构的时候，又可以把所谓的基本工资（这个可以参照当地最低工资标准）、岗位工资（这个可以进一步细分，不同岗位设计不同的标准）、甚至是工龄工资（这个既可以根据员工入职年限来设定递进的上浮标准，也可以在操作过程中考虑其他因素来发放），职务或是技能津贴等组合排列出来，这样形成能够给员工一定保障的看得见的工资。

在设计浮动工资的时候，可以根据员工的能力、态度、工作业绩，或是员工在某个阶段表现适当调整，再辅以有目的的人为调整。比如，加班工资、绩效工资、提成奖金、计件工资、其他类型的奖金。

所以说，选择固定工资与浮动工资相结合的方式，总体来说还是能够达到激励目的，只是看操作方式如何而已。

（4）宽带工资。宽带工资制作为薪酬管理中的一种新颖另类的方式，其实并没有多少特殊性，只是把一定时间与空间内的薪酬范围拉大，造成一定差异性而已，也从制度上完美诠释了同工不同酬的说法。

通常来说，宽带工资基本上是以职等职级为纵横坐标，把各岗位分等设级，每级设置不同的薪酬标准与级差，把同一等的岗位薪酬范围拉大，让这个岗位的薪酬标准可以根据员工的能力与贡献来调节，可以在一定程度上调动员工的积极性。

同样，宽带工资的另一个好处就是员工的薪酬不会固定在某一个岗位上，而公司也可以把几个不同的岗位设置到同一个职等上，这样可以在岗位与岗位的转换过程中多一些操作空间。

当然，宽带工资有个需要吐槽的地方就是不仅要设置合理的职等职级，还要细分每个职等与职级的标准，比如两个职级之间的转换凭什么条件来确定呢？宽带工资容易让员工在一个职级里打转，想要跨等的晋升就有点小难度，而且在传统思维里，到底是职位重要还是工资重要？显然多数人认为职位重要，因为有职位就容易有工资，有工资不一定有职位。

（5）年薪制。一般情况下，当别人听到年薪的时候至少在心里有点小兴奋，毕竟年薪制可不是一般人能享受哒，这是有身份的人才能有的待遇！有了这种想法，就容易上鬼子当！所谓夜长梦多，毕竟我们都已经习惯了拿到手里的才是自己的银子。

当然，年薪制也分几种模式的：

第一种模式，就是纯年薪。不限于企业高管，对特定的管理人员或是技术人员也适用，就是固定工资＋年底奖金。这种方式有点小玄乎，比如年薪20万，每个月发10000元，剩下的80000元年底作为奖金一次发放。这样是最简单的年薪制，简单直接粗暴，不需要考虑其他因素。

第二种模式，有条件的年薪制。老板都不是傻瓜，也不是钱多得烫手，想从他手里拿到银子，怎么可能不蜕层皮呢！所以，企业在设计年薪的时候，除了给固定的底薪外，对于奖金的设定是需要完成一定指标，比如对高管层设定的利润指标或是其他管理指标。完不成指标，对不起，奖金打折。这样就相当于给高管层套上紧箍咒，要是想与钱过不去，有胆你就混。

第三种模式，多元化年薪制。对于有些企业来说，特别是非上市公司，为了进一步地调动管理层或是相关核心岗位的积极性与奋斗精神，会采用基础底薪、奖金、效益提成加其他补贴方式设定综合年薪。当然了，与有条件的年薪制一样，也会设定一些考核指标或是业绩目标，根据目标达成率来调整或是进行系数折算，最终确定年底一次性的奖金比例。这样就会使整个管理团队或是享受年薪制人员为了达成一定的目标而爆发出潜力。

第四种模式，股权分红。这种模式既适用于上市公司，也适用非上市公司，对经营层或是享受股票期权的群体，根据企业整体经营业绩或是风险收益来确定其年收入。当然，在股权或是期权以外，也会有正常的底薪、津贴等系列的收入，只不过在此基础上增加了员工作为企业共同经营者的额外分红罢了。只是这样的设计会让人有一种主人翁的感觉，"企业是我家，发展靠大家"这句口号就不是口号了！

年薪制也不是万能的，有的小伙伴会说，万一我中途离职了呢？我还能拿到约定的年薪制的薪酬差价么？大哥，你想多了！这也是为什么很多人宁愿平时到手的工资少一点，也不会去眼冒金星地等着所谓的年薪制的高薪酬，毕竟计划没有变化快！

别以为年薪是那么好拿的，有时候镜中花水中月再美也不过是个幻影。年薪制是有前提的，这个前提就是你得完成一定的目标或是任务。要知道，如果这些目标能够轻易完成，怎么会轮得到你呢？

上面讲述设计薪酬方案的几种套路，有的模式可能并不适合小企业。大家都知道，小企业本身也不规范，也就不会有那么多讲究，可能会选择固定加浮动的工资方案，也可能采用高工资低福利的方案，也可能采用低工资高福利的方案。但是，不管是采用哪一种模式，还是那句老话，适合自己的才是最好的。

对于薪酬方案这种事，想起一句老话，媳妇是别人家的好，孩子是自己家的好。不要羡慕别人家的套路，有时候为了体现自己高大上，也会装给别人看的！如果企业不能兑现承诺，所谓的薪酬方案在员工眼里不过是猫鼠交朋友——信不得！

## 02
### 第二节

## 小公司怎么做福利计划

想起以前工作时，老板经常挂在嘴上的一句话，不要与她谈钱！相信这也是很多中小公司老板心里真实的想法。不得不说 QQ 与微信是两个好工具，在人资的群里，经常会有同行转发各种案例或是吐槽自己公司的奇葩事！有人吐槽自己在几十人的小公司，工资是月薪制，没有什么福利，员工积极性也不是很高。老板想改变这种现状，正好今年效益有改善，想让人力资源部门定个福利计划出来，这让 HR 有点问君几多愁的感觉！那么小公司怎么做福利计划呢？

提到福利这个概念，其实发愁的不仅是人事部门，很多时候是巧妇难为无米之炊！花钱谁不会？关键是没钱的时候，你怎么办？做人资的谁还没看过几本专业的书呢？各种理论套路用不完！如果不能对理论进行转化，现实往往会把天真的脸打得啪啪响！


我们说小公司真的是条件有限，HR 需要考虑一些因素：


### 1. 老板的魄力。

很多时候公司福利怎么样，与老板的价值观与性格分不开。老板的魄力如何？老板大气，考虑员工福利可能就多一些，老板要是抠门的主儿，就不要指望铁公鸡还能刮点铁锈下来，因为福利这玩意就是烧钱的事，而最大限度地榨取员工的剩余价值本来就是老板最喜欢做的事！有的公司虽小，但是老板却出手阔绰，那么各种节日就会考虑。老板也不愿意在圈子里没面子，给员工发福利这样往脸上贴金的事，他还是愿意做的！


### 2. 公司实力。

我们说有钱能使鬼推磨，公司只要能赚到钱，对福利这块的投入理论上会比效益差的企业多一些。就像很多人都羡慕所谓纸醉金迷的生活，人家有钱呀！你吃了上顿没下顿的人，有个包子吃吃就不错了，哪还敢想着顿顿红烧肉呢？而富得流油的土财主，手指缝随意漏点就够别人吃个把月了。当然并不是所有赚钱的公司都有好福利的，请参考第一个因素。

### 3. 员工类型。

有人看到员工类型，惊得下巴都掉了，好好的福利与员工类型有啥关系？这个确实有关系！比如说都是年轻人居多，那么在福利计划里，可以考虑这个群体的特性与需要，如果年长者居多，那么福利就要考虑实用为主。比如说，前者过节整个晚会，人家能嗨到爆，对于后者来说，与其瞎折腾不如每人几斤油、一袋大米来得实惠！对于福利这个事，并不像我们自己一厢情愿认为的，只要我给了，员工就会感恩戴德。错了！这要看你给的是不是他们想要的！

说了这么多，那么福利计划要怎么做呢？我们可以分以下两种模式：

### 1. 法定节假日福利。

所谓的法定节假日福利，就是传统的中秋、端午、春节三个重要的节日。这个非常重要，一般情况下，国人还是重视这类节日的，多数公司都会发放过节福利。这个时候，人有我也有，人少我多，人新我实等都可以。员工不在意你发多少，只是看到别人有，咱也有，心理就会平衡，不然，员工会在心里腹诽老板。当然这类福利包括假期、过节费、福利用品甚至是旅游等其他福利，这就要看公司的实力了。

**2. 日常管理福利。**

对于日常管理福利来说，种类繁杂，看公司管理综合实力与老板魄力等因素来考虑了。

生日福利：很多企业都会在员工生日上做文章，比如组织生日宴、发红包、生日贺卡、发生日蛋糕等，这样动作虽小，可以笼络人心。花小钱可以办大事，这样简单直接粗暴有效。

高温补贴：对于很多企业来说，高温补贴也不错，特别是工作环境不是很好的一线员工，可以根据地方法律法规的标准执行。当然，有人说，企业效益不怎么好，不按标准发行不行？这种事，怎么说呢，有总比没有好！不一定就是钱！方式有很多种，物品也行。

奖金：奖金这个事，可有可无。看效益，看管理方法，可以月度，可以季度，可以年度，看公司想法决定。

体检：可以定期组织员工去体检，这个体检的项目与费用标准看需要来定。

旅游：不是小公司就不能出去嗨，有时候，越是小公司越好组织旅游这种活动，反正都是出去玩嘛。而且小公司还可以一网打尽，一个都不能少。这样近距离的互动，反而能进一步增加员工对公司的感情。当然了，至于去哪里玩，视公司情况而定！

结婚礼金：大公司不好说，而小公司就那么点人，可以不分管理层还是一线员工，只要是公司员工结婚，公司可以拿出一点钱来作为红包，这个也是极好的！礼轻情义在，主要是显示公司的人性关怀。

孩子基金：与结婚礼金一样，对于小公司好办，毕竟公司小，而且人也少，不痛不痒的，如果是万人的公司，再小的虱子多了也让人肉痛呢。

其他福利：至于说这个其他，就不需要再列举了。其实，只要领导愿意或是高兴，诸如聚餐、分红、员工健康保险、个人持股等，只要是可以花钱的地方都可以找理由，这么简单的事不用解释了。

无论大公司还是小公司，主要是看公司管理层心里有没有员工，如果以人为本不是一句口号，那么什么都不是问题！如果只是喊喊口号，心里压根就没有员工，就别谈什么福利了，他们会觉得给一分钱都是多余的！这个世界上，只要有心想办事，就没有花不出去的钱，只喊口号做样子那样就真的没意思了！

## 03
### 第三节

## 薪酬有限，如何提升员工满意度

有人说只要钱到位，玻璃都敢碎；也有人说拿着高薪的人，自然对公司的满意度高；还有人说如果钱不到位，只要福利或是环境好，还是可以在公司混的！其实，高工资未必能带来高的员工满意度，而在薪酬不高或有限的情况下，如何提升员工满意度，更好地留住或激励他们，似乎更是难上加难。对于有些企业尤其是中小企业的管理者和 HR 来说，这又是他们不得不去面对和解决的问题，他们是如何处理这种问题的，很值得探究，如何才能提高员工对公司的满意度呢？

如果员工对公司不满意了，不一定就是钱的问题，不要总把员工想得那么俗，凡是说因为钱的问题就对公司不满意的，一定是发言者本人对薪酬不满意！只有自己最在意什么，才会说别人也在意什么！要想知道员工满意度如何，需要对公司的员工做个满意度调查，然后进行数据统计与分析，这样才能对症下药，有的放矢。提升员工满意度，无非就是那么些方法：

### 1. 工作环境。

一个优雅、干净、舒服的工作环境必定会让身在其中的员工感到心旷神怡。同理，如果你的工作环境不佳，阴暗、嘈杂、异味、拥挤等等，久而久之，谁都没有好心情，容易加剧人的负能量，人都麻木了。这样还谈什么员工满意度？所以工作环境的适当改善，对于提升员工的满意度还是有正面的效果的。虽说工作不分贵贱，只是分工不同，但你是愿意喝着咖啡干事呢，还是想挨着厕所干活呢？

### 2. 工作饱和度。

不是没事做就会幸福，也不是忙得陀螺转就会有激情，人不是机器，就算是机器也需要有计划地检修与保养呢！经常在企业中可以看到，忙的累的抱怨别人太闲，而闲的人又感叹自己没有存在感！如果，能够让每一个人的工作接近一个比较饱和的状态，员工还是愿意挑战的。我们不提倡做加班狗，并不是没日没夜加班满负荷工作就是爱岗敬业，一个连自己命都不爱的人，哪来的爱岗敬业！

### 3. 福利诱惑。

薪酬不够，福利来凑，既然薪酬不能增加，没有诱惑力，那为什么不打打擦边球，迂回作战呢？福利作为薪酬的有效补充，对于员工来说还是非常有吸引力的，很多企业都会在福利上下功夫。这就是有些企事业单位那么吸引人的原因之一，虽然薪酬不一定高，但是人家的福利政策让人流口水呐！虽然我到手的钱不多，但是东西单位给包了，这种感觉还是非常让人羡慕嫉妒恨的！

### 4. 管理风格。

一个组织的好与坏，对员工的影响，最直接的就是管理风格。这个管理风格包括领导的魅力，对待工作的态度，管理的手段或是方法等要素。很多时候，员工对公司不满，并不是真的对公司的管理方式不满，也许只是对自己的上司不满意，同一个组织，不同的领导，员工对组织的认同感是不一样的。关爱员工，从领导做起。如果员工觉得自己的领导就是个"后妈"，忍不了就只能走了！

### 5. 员工成就感。

按马斯洛需求层次论来说，员工在解决基本上生存问题后，随着需求层次的提升，员工会需要被组织认可，而这种认可是多方面的，包括物质与精神方面的双重认可，那么在物质（薪酬）有限的前提下，需要在精神层次上下功夫，让员工感觉被尊重，被认同，承认他们的价值与贡献。而当员工被认可的时候，他们会自发地提升对组织的满意度。所以，管理者与被管理者的区别只是职务的区别，在人格上都是平等的。管理者需要做的就是最大程度地让员工感受到工作的自豪，感觉到被组织需要的那种成就感，做到这些，什么事都有可能。

### 6. 平台机会。

有时候真不是钱的问题，而是机会的问题。如果在一个组织中，员工能够通过自我的努力赢得别人的认同，能够有更多大的平台去实现他们的抱负，这不比直接加薪的激励作用来得差！所以，对于企业来说，问题能不能建立一个相对公平、公正、公开的用人机制，让想做事的人有事做，让做成事的人有荣誉？这就是我们常常希望的那样"能者上，平者让，庸者下"的机制。如果企业能够有这种机制，那么员工对组织的认同会进一步增强。

### 7. 文化氛围。

良性的、健康的企业文化氛围，也是提升员工满意度的关键因素之一，没有人愿意在紧张、压抑、步步惊心的氛围中工作，都希望在正面、积极、有爱、和谐的氛围中去享受工作带来的乐趣，而不是天天提心吊胆，担心有人背后放冷枪。那样的风声鹤唳会让人心累，还有什么满意度可言！

虽说凡是用钱能解决的问题，就不要吝惜钱，但是，当没有钱的时候，我们就需要考虑利用其他的因素去解决问题！对于提升员工满意度来说，更多的需要从组织的软文化与硬环境去考虑。如果能打造一种家庭文化的氛围，除非是后爹后妈，否则，没有人愿意离开这个家。

而且提升员工满意度这种事，也是需要时间去渗透的，我们需要的是"随风潜入夜，润物细无声"的节奏！而且让员工对组织满意，本身也是组织去征服员工的心的一个过程！所谓，路漫漫其修远兮，吾将上下而求索。

# 升职后不加薪怎么办

记得在一个群里聊天，有人抛出个问题来讨论：张小姐的公司地处二线城市，是一家日用品公司，规模近200人，人力资源部只有3个人。有位 HR 是去年5月份进公司的，到现在为止也有一年多了。三个月前这位 HR 的领导离职了，老板不打算再从外面招聘新人，张小姐负责人力资源部的整体工作，并晋升为 HRM，下面再配备两个专员。

自从升职之后，事情变得多起来，但老板却一直也没提给张小姐涨工资的事。现在已经三个月了，不知道老板是怎么想的。张小姐很矛盾，要不要和老板提一提涨工资。

看到这个话题呢，有人说必须走，有人说要不留下来看看机会，还有人说，凡是升职不加薪的行为都是耍流氓！在国人的概念里，升官后面跟着的永远是发财两个字！正常情况下，月薪800元的总经理与月薪10000元的保安，这两份工作，你会怎么选择？一般来说，不差钱的人会选择月薪800元的总经理，当然，看中机会与平台的也可能会选800元月薪的总经理。而一般人会选择月薪10000元的保安，需要解决生存问题的人也会做出这样的选择！

回到案例中的问题，我们可以做出几个假设，然后才能判断要不要向老板提加工资的事。按一般的惯例，向老板提加工资，只有两种结果，加或是不加！会做人的老板不需要你提，该给你的不会少，还有些老板不是不给，只是喜欢装傻，你不提，他就不加了！那么面对这种问题该怎么选择呢？

### 1. 机会才是王道。

正常来说，三年专员，五年主管，八年经理，并不是说你熬了八年就一定有机会成为经理！很多时候，需要机会！这个世界上什么最可贵？机会！这个世界上最痛苦的事是什么？机会在你面前，你却没有能力抓住！从这个角度来看，案例中有点康师傅方便面——加量不加价的手法！

如果你的能力足够，只是需要平台来证明自己或是展示自己，那就不是钱的事！毕竟老板给了你名分！你可以用这个机会，提升自己的层次，用全新的状态去思考问题，解决问题，进一步地提升自己的综合实力。当你有了实力，或是感觉哪怕走出去，随意找个经理职位都不是问题的时候，公司给不给你加工资还重要吗？你可以随时跳槽！所以，这个阶段就当是练手了。当然，哪怕是练手，也要给自己设个时间限制，时间到了，就要有个说法。

### 2. 不当过渡者。

天上不会掉馅饼，老板突然晋升一个 HR 做 HRM，有没有什么目的？对这个职位有什么预期？这个才是最重要的问题！原来的上司为什么会走？老板对他的工作评价是什么？自己的能力与原来上司的能力对比如何？有什么优势？有什么劣势？弄明白这些后，我们就要来考虑，自己被上位，有没有可能只是过渡？最怕的就是你在前线打得正嗨，指挥官对你说，你打得不行，需要交出指挥权！而且上述案例中也有过渡阶段的趋势，给位置不给好处，等于白白干了三个月。如果老板来一句，"这段时间的工作表现，你没有达到预期，"临时换个人，你是不是竹篮打水一场空呢？

### 3. 成绩说话。

我们说老板能让你当 HRM 一定有他的想法与道理，虽说做老板在用人决策的时候也会任性，但是用不好，丢的也是他的人！所以，之所以没有给你加薪，一定是在等一个合适的时机。待你扬名立万，给你加薪可好！没毛病！

关键就是，升职的时候，有没有与老板沟通好，就是老板有没有给你承诺，虽说老板的话很多时候等于男人的话，靠不住！但是，说了总比没说要好！如果你与老板有约定，那么打脸最爽的姿势一定是实力说话！有了成绩，用数据说话，进，可以证明老板用人有方，退，也可以暗示老板负你在先。不管如何，自己都处于不败之地！

### 4. 不见兔子不撒鹰。

聊完高大上正能量的事，我们来说点现实的，身在职场，我干活，你给钱，就相当于欠债还钱，天经地义的道理。有几个不是冲着钱去的？如果有人说，我就不是冲着钱去的，这样的故事你会信？

有人说，老板给我升职了，我不好意思谈钱！对不起，不谈钱，你来干吗了？关键时候就是要敢于和老板谈钱！不为别的，钱虽然俗，但是也是证明或是衡量自己价值的最直接符号！你让我做这个位置，就得把这个位置的待遇也给我！你说需要一定时间考核与评估，我接受，我就认，我不接受，那就对不起了！工作就像网购，要么先付款后发货，要么货到付款！你与商家说先发货，我试用几个月看看再付款，有几个小二会答应？

当然了，可能真的有抹不开面子的想法，那也可以曲线救国：比如在某个阶段突然故意表现不给力（这个力度要控制好），让老板去思考一下。这个伙计是不是有想法，他自己心理应该有数。

再比如说，有的老板就是你暗示我就装不知道，怎么办？如果公司开月度例会的时候，做个数据分析，一定要顺带讲讲相关岗位薪酬的，然后借题发挥，低于市场薪酬的人可能会有想法！

当然，也有最后一招，图穷匕首见。三个月过后，去找老板聊聊，交一份三个月的工作报告，看老板对自己有没有认可，不管有没有，都要提一下钱的事。不过，这招还是要慎用，用了就要做好最坏准备，万一老板说你不行，你是走还是留？说行，给钱，那什么都不是事！

升职不一定加薪，加薪不一定升职，怎么选？就看你在目前这个阶段需求什么？要权，没钱也无所谓！毕竟机不可失，只有能力在，还愁赚不到钱么？想钱，没权也可以凑合！饱汉子不知饿汉子饥，只有揣到口袋里的银子才是自己的钱！

## 05

第五节

# 如何平衡新老员工薪酬矛盾

很多 HR 都遇到这个问题：在"招人难"的大环境下，往往花重金招一批新人进来。这批新人的工资比熬了多年的老员工的工资还要高，于是老员工就不满意了，不是吵着加工资，就是消极怠工，极端的是离职走人，给企业的稳定和发展带来不小的影响。遇到这种情况，往往是老员工有老员工的委屈，新员工有新员工的底线，急慢谁都不太好，有 HR 就左右为难了。应该如何去平衡新老员工的薪酬矛盾呢？

我们说社会在发展，人的需求也在变化，不能用老眼光看待新问题，也不能用现在的标准去衡量过去的条件。以前经常听到老板回忆创业时如何艰苦，感叹现在的人心不足，要求太高！你能说老板说错了吗？不能，毕竟那个时候条件就摆在那儿了！你能说老板说得对吗？不能，毕竟时代不同了，市场决定人才的价值。

有人说我早入行多少年，来公司多少年，为什么工资还没有人家新来的工资高呢？心里不平衡！如何平衡这种落差心理呢？我们可以从下面的因素来考虑：

### 1. 合理的工资结构。

如果公司的薪酬结构不合理，比如工资缺少弹性，变化不大，这样的工资就没有吸引力与竞争性！对于新老员工，我们完全可以考虑在固定工资不变的前提下，考虑浮动工资的波动，老员工在公司时间长，熟悉公司的文化与管理风格，对于浮动工资会有自己应付的方式，而新员工因为对公司缺少了解或是没有适应，所以浮动工资的变化波动会相对较大，这样能体现新老员工间的差异。

另一个方法就是参照宽带薪酬结构，拉大同档次的薪酬范围，通过级差来制造差距！比如，在同一个档次上，老员工可能享受比较高的待遇，而新员工只能从初级开始，这样既能让老员工心理平衡，也让新员工看到希望。

当然，这个薪酬结构的调整，相当于从制度上来保障老员工的利益，这也不是长久之计，不能让老员工摆老资格，躺功劳簿上睡大觉。

## 2. 完善的用人机制。

衡量一个人的实力如何，经验并不是唯一的因素，要给新人表现的机会，让新人去证明自己的实力。当年卧龙诸葛亮跟着刘备混的时候，初出茅庐指挥第一次战役，关张也不爽，但是战后，这两个兄弟就服了。后来的凤雏也是这个套路，在当县令的过程中让细心的张飞发现，凤雏才得到刘备的重用！无论是卧龙还是凤雏，他们的待遇都比其他老员工好！考虑老员工的心理承受力没错，但是，如果让新老员工 PK 一下，老员工干不过新员工，还有脸瞎吵吵啥？如果工作经验、资历、实力等都不能转化为价值，不管是新员工还是老员工，在老板眼里都是鸡肋而已。

## 3. 考虑市场因素。

市场是只无形的手，要找一个萝卜，你这个坑出不起好价钱，别人愿出高价，自然能让好萝卜往坑里跳！当然，企业可以坚持自己的底线，不管外面行情如何，反正我兜里没银子，就这点钱，爱来不来！理论上说，不管什么样的企业，总会找到与相匹配的人，需要 HR 做的就是去找到合适的人！但是，这需要时间，还要看缘分！换工作了，工资不比原来的高，谁都不会这么去折腾！就算让老员工出去找工作，他们也会给自己重新定价的！

## 4. 尊重差异的文化。

我们说有话要摆在台面上说，人前不说人后乱说，那是是非者！在企业里，新老员工间的薪酬差异肯定是客观存在的，想盖也盖不住。这个时候，就要在员工培训等场合下公开提出来。公司尊重差异，也承认每个员工的价值。但是，这种价值和差异与个人能力既有关系也没有关系，完全是环境所致！我们说80年代结婚一辆自行车一台缝纫机就能把新娘娶回家，现在谁娶个媳妇还拿自行车当彩礼？有房有车还要有存款，人要与时俱进，要接受现实！

### 5.政策调节。

新老员工薪酬有差异很正常，但是，不是说作为企业管理者就没有方法或是手段去调节。老员工无非要的就是存在感，既然因为市场等因素，不可能让他们薪酬持平，但是，政策掌握在谁的手里？比如年度调薪的时候，对老员工的评估是不是可以适当调节（前提是老员工确实表现不错，表现差就算了，不能为了照顾老员工的利益而破坏公司的底线）。再比如说，在福利享受上，很多公司都会对新老员工有区别对待的政策，有些福利可以是入职几年的老员工才能享受，比如体检、旅游、分红、培训与学习机会等，这些完全可以照顾老员工嘛！总之，一句话，具体问题具体分析，解决问题一定要有灵活性。

虽说没有比较就没有伤害，但是，有时候有对比才知差距。我们不害怕差距，只是害怕不知道差距在哪里！要知道，老员工也是从新员工过来的，新员工同样也会变成老员工，唯一让自己增值的是自己的价值，而不是工作年限！有人十年如一日，十年前与十年后的技能没有什么区别，你凭什么要求别人高看你一眼？

所谓的新员工，只不过是相对于刚入职的企业而已，哪个新员工不是原来企业的老员工呢？人家的资历与价值也是熬出来的，凭什么就来受你的冷脸？真要比起来，谁老谁新还不一定呢？我们说，有那个时间去盯着别人，不如反省自己到底成长没有，只有自己厉害了，才有资格让别人仰望。

# 如何给自己争取调薪

做我们这行的，经常会因各种原因给别人申请调薪，员工觉得工资低了，会通过直接上司找到人力资源部，由我们来向公司领导汇报或反映。但是我们自己呢，如果觉得工资低了，要么和直接上司谈，要么和老板谈，这个压力就大了，因为没有缓冲的余地！如果按自己期望加薪了自然开心，如果不加，是留是走？所以不要轻易去要求加薪，这样会让自己很被动，除非觉得该加薪时没加，比如试期转正或年度调薪！最尴尬的就是要求加薪没有加，继续蛰伏下来，老板会觉得这人也就这点水平了，也会认为你曾经背叛过公司，以后基本上也就是边缘人物，机会较小！给自己争取加薪这事，需要考虑各种的因素：

**1. 调薪需考虑的因素。**

（1）地区性工资水平。谁都想拿高薪，可是这年头往往是同岗不同城不同价、同岗同行不同价、同城同岗不同价，地区差异必须要考虑，橘生淮南为橘，生于淮北则为枳！同等职位只能限于本地区相比较，超出本地区外的，就不要瞎起哄和高攀了，三线城市 PK 北上广一线，那是自寻烦恼！

（2）行业因素。话说行有行规，做哪行就得守哪行的规则！每行都有其行业特殊性，拿卖烧饼的和造火箭的比，除非你是想不开！是传统手工业？还是服务业？还是传说中的高精尖？还是朝阳产业？虽是同岗，但是行业不同，水涨船高，待遇自然不同！

（3）企业实力。这个最好理解，游击队和御林军能比？一个衣不遮体，一个凯甲锃亮！一个窝头稀饭，一个山珍海味！我们说走什么山，就唱什么歌，见好就收吧，别提些不靠谱的要求。本来老板对你印象不错，你整个《西游记》出来，尽出妖娥子，结果只能哪凉快哪待着！

（4）岗位重要性。毫无疑问，企业中每个岗位的存在必有其合理性，你所在部门在企业中处于什么地位？你在部门中又承担什么角色？这个部门对公司的价值如何？是核心岗位？还是边缘岗位？你的部门或你个人能在企业的发展中起到什么样的作用？是战斗者还是服务者？如果岗位重要，再加上个人被老板信任，那你可以提要求，或是老板自动考虑你，刘备摔阿斗，收买人心呀！

（5）个人业绩表现。人家都说，会做的不如会说的，会说的不如会拍的！这很多时候就是胡扯，人在江湖混，得有双截棍！你得有绝活，让老板重用你，让领导欣赏你，让同事羡慕你，一招鲜，吃遍天，招招鲜，当成仙！就好比，你领先一步，别人嫉妒你，你领先三步，别人只有仰望你！我们得靠数据说话，用事实征服老板，让老板觉得用你，企业变废为宝，无你，企业由宝变成草！

（6）个人期望值。不管啥地区、啥行业、啥企业，对于个人来说，心中对自己总有一杆秤，对自己总有一个最低期望和最高目标，能达到最高更好，但是不能突破底线，否则就没法玩了。你除了要生活，还要守住自己的尊严！

### 2.如何争取调薪。

（1）及时掌握行业岗位的薪资动态。不打无准备之仗，要有的放天，结合员工招聘情况、离职率分析，侧面向老板汇报薪资水平，暗示公司的工资该涨点啦，否则即招不到人，又留不住人，总不能让招人的人也跑了吧。对人才嘛，不能像股票，杀跌不杀涨！

（2）列出调薪的理由。凭啥要给我调薪？给老板理由先，你不需要舌战群儒，只需要卖拐！这时候不要再低调，不要再藏着掖着，满汉全席都端上来侍候吧！尽显才华，要让老板知道，原来你就是传说中的余则成，一给机会就成神！在机会面前，千万不能像女人的年龄，不说实话，要像男人的钱包，该掏时就得掏呀！

（3）职责增加。这时还考虑什么，既要马儿跑，就得马吃草，吃不饱、怎么跑？任务重了，也就意味着责任大了，压力也大了，总得给点甜头吧！不然做不好，领导意图不能实现，费时还费力，毕竟人的精力是有限的，如果看在银子分上，那么人的潜力是无限的嘛，有困难可以克服，没有条件可以创造条件嘛！

（4）掌握新技能。都会七十二变了，给个弼马温，这摆明了逼人造反嘛，给个齐天大圣又不给吃蟠桃，不偷才是怪事？如果及时吃点仙桃、尝几粒仙丹，干吗去造反？这风险多大呀！

（5）公司赚钱时。公司赚钱之时，一定是老板心情大好时，话说：心情好，胃口就好，吃吗吗香！这时老板就算不是散财童子，起码也是观音撒甘露，一滴暖人心呐！这时做 HR 的，可以及时进谏，主动建议公司适当加薪，当然在做方案时，千万不要漏了自己，否则你就二到无穷大！

HR 这行也是传说中的伴君如伴虎，你能做事不过是纪晓岚，你会做事不过是和坤，既能做事又会做事，你才是曾国藩！

不管是否调薪，能调多少，要淡定。宠辱不惊，看庭前花开花落；去留无意，望天空云卷云舒。人生如意十之一二，看得开最重要！

# 07

第七节

## 年度调薪怎么做

年度调薪是我们 HR 每年要面对和处理的重要工作之一，有效的年度调薪可以为公司留住更多优秀人才，而不恰当的调薪则会引起不满和不必要的人员流失。年度调薪怎么调、要考虑哪些因素、哪些人该调、调多少，这些都在考验着我们 HR。要是你，你怎么做呢？

对于老板来说，最怕的就是听到有人抱怨工资低，更怕 HR 没事就提议加薪的事。老板也很无奈呀，这帮败家玩意儿，怎么不想想自己有没有为公司创造效益呢？怎么没有想想自己的价值值不值得加薪呢？当然，这个世上不缺少土豪，有些公司一年加薪不止一次。前不久听同行说她服务的公司一年有四次加薪机会！真是让人羡慕忌妒恨！

遗憾的是，我以前服务的公司不是土豪，我们公司年度调薪幅度在10%~20%之间，以每年7月份为调薪基准月，以绩效考核为依据，具体如下：

### 1. 中层以上。

对于中层以上考核，主要以季度考核为主，每季度考核一次。一份评价表，中层评分占50%，总经理助理（分管生产、技术、质量管理）评分占25%，总经理评分占25%。每个得分小项加权汇总，去掉最高分，最低分，测算出总分。一年四次，四次总得分前半加20%，后一半加10%，最后两个名次不加薪。

### 2.行政管理人员。

每年6月份,由各部门主管根据考核表打分,上报人力资源部。由人力资源部排出得分名次,再统计出该员工入职时间、累计加薪次数、最后一次调薪幅度、目前薪资水平,最终将该表上报总经理,由总经理确定每人调薪范围。

调薪是每个员工最期待的事,调得好大家都开心,调不好,这玩意杀伤力比年终奖还大!员工都会攀比,凭啥别人有我没有?凭啥他调的多我调的少?我看他平时表现还不如我呢!所以说,对于调薪一事,要慎重考虑,不能不调,也不能都调,调薪幅度一样不行,不一样也不行,所以在考虑调薪时,要考虑几个因素:

### 1.政策性因素。

政府每年都会调整最低工资基数和社保基数,基本工资、加班工资都会提高,一线员工的工资蹭蹭地往上涨,管理人员也眼红,东家长、西家短都在谈哪家工资涨了,直叹十年寒窗不如一线员工!作为老板来说,你不涨,别人涨呀,有钱不一定解决问题,但是没钱一定解决不了问题!所以,工资得涨,必须得涨!有人可以赚钱,没人只能收房租!留得住人你就是老板,留不住人,对不起你就做房东吧!

### 2.业绩因素。

老板眼里,只有功劳,没有苦劳!对于表现好的员工,那就得赏,这年头赏培训、给福利,都不如白花花的银子来得靠谱!员工做出了成绩,指望表扬几句就打发了吗?所以,当员工做出成绩出来,要么升职、要么加薪,调薪才是最原始的动力,老板哪有真情在,做好加薪最实在!但是加薪不是那么容易的事,老板都不是省油的灯,那就做绩效,做考核,把加薪与业绩挂钩,看你对企业的价值与贡献度！有本事你就吃得饱、吃得好，没本事你就老实待着，别说风凉话。人生最悲催的事就是机会来了，你却没能力抓得住！

### 3. 物价性因素。

物价上涨猛如虎，每月工资买菜苦！这年头，员工都在抱怨：什么都涨，就是工资不涨！花钱流水赚钱苦，如果工资不涨，仅守着自己的一亩三分田过日子，那只能过着贫穷的生活了！对于员工来说，逢人就问工资涨了吗。如果没涨，黑着脸找上司要说法，不给加工资走人！结果老板一合计，这岗位再找一个成本更大，还是加点小钱留人吧！

### 4. 工龄因素。

工作也讲老黄牛，至少这个可以让老板竖立标兵，这就是忠诚，这就是定海神针！员工会看公司对老员工怎么样。如果老员工表现还可以，再没有调薪，新员工会想：工作前辈都这样的待遇，我们再做下去，也好不到哪里去！心里发凉，自然工作没热情！所以对待老员工，只要不是表现太差，该调薪时自然要优先考虑一下，就算是做给别人看，也要把场面上的事做到实处！家有一老，如有一宝，对于企业也一样，老员工和企业一同成长，对企业的感情不是新员工可以比的！所以现在很多企业都会有工龄工资，定期增加，这就是让员工有盼头，有希望，进一步增加对企业的忠诚度！

调薪是个头痛的事，HR只有建议权，如果调薪让员工满意，老板会认为是自己英明神武，领导有方！如果调薪让员工不满意，老板会认为是HR的方案不合理，该考虑的没有考虑到位，没有为老板把好关！事实上决定权多数在老板手里，但是员工调薪不满意时，往往会把枪口对准HR，让HR很是郁闷，伤不起！

调薪最怕的事就是：该调的人没调，不该调的人却调了！结果导致该留的人走了，不该留的人却稳如泰山！调薪一事，对于 HR 来说，要淡定，要有不管风吹浪打，我自岿然不动的风范！把考核做实，把证据做细，办成"铁案"，让老板肯定你，让员工赞赏你，这就是艺术人生！

　　面对调薪，也要摆正心态。加薪了自然欢喜，没调要想一想，是不是技不如人！对于员工来说，想加薪需要平时多积累，把工作做到位，为同事解难，为上司分忧，把工作做出彩，用事实说话！

<figure>
08

第八节
</figure>

## 新上任 HR，如何推动福利优化改革

　　HR 最怕的工作是什么？改革！HR 最最怕的改革是什么？薪酬福利改革！我们说凡是涉及钱的问题都不是小问题！凡是触及既得利益的改革更是关系自己生死存亡的大问题！

　　小王今年三月份入职一家50人左右的珠宝公司，担任人事主管一职。公司不大，但福利较好，其中有一项晚餐补贴，无论是否加班都全员享有晚餐补贴。最近老板明确表示希望小王能把公司人力资源工作做好，从公司整体利益出发，做好各项福利的优化工作，提高工作效率。像晚餐补贴这项福利就应该取消，据他了解，行业内都没这项补贴，即使有也是针对加班员工进行补助。另外，公司也不鼓励加班，建议大家合理安排工作，提高八小时内的工作效率。

作为新来的 HR，如果冒然取消这项福利，势必会造成大家对小王的不满，也会影响到后续工作的顺利开展。

一般来说，新人入职，特别是老油条，基本上不会去操刀公司薪酬福利等制度的改革的，他们会蛰伏，按兵不动，等待时机。但是，如果遇到急性子的老板，他们不愿意等，希望别人入职后就能立竿见影，这就等于把新人架在火上烤了。

关于这个事情，不是老板说了就立即去做，这样的事操作起来一定要有策略：

### 1. 准确领会老板意图。

老板举例说事，他的重点是什么呢？是取消晚餐补贴？还是仅让加班的员工享受这个待遇？还是公司不提倡加班呢？还是三个都有？如果员工加班，需要走什么程序？谁审核？还是需要老板批准呢？那么加班的理由是什么？有必要加班吗？如果老板只是觉得餐补没有必要，那么好办，发文就行了。像这样的事，老板说了算。而且，在小企业来说，老板的话就是圣旨，这是一种反对无效的权威，只不过是谁来当这个坏人而已。

### 2. 了解历史原因。

我们说存在即合理，不管什么事，不是你看起来那么简单的，可以去了解一下这件事的前因后果。当初这样做，一定也是经过老板同意的，为什么现在老板又对这个福利不满意了呢？这个福利没有起到当初希望的效果？还是现在已经不是当初想要解决某种问题时的那种状态了。

一件事要是那么简单，谁都可以做，那就不会留给你来出成绩！之前为什么没有人这么提？是不能，还是不愿，还是提了没有解决？这些信息还是有必要收集的，然后才能综合考虑自己应该怎么做。

### 3. 做摸底调查。

可以简单设计调查问卷，向员工了解员工对公司各种福利的建议与态度，然后根据调查问卷进行数据统计与分析，看员工最在意什么福利，哪些福利是鸡肋，哪些地方还需要提高或是改善。如果有些员工对于晚餐这项福利不认同，那么正好上下一心解决这个问题；如果员工非常认同这项福利，就需要考虑要不要换个方式来解决这个事，延期或是按原计划办。我们说收集信息可以走群众路线，但是，做决策的时候那一定要乾纲独断，如果老板坚持原计划，那么就放手干吧！

### 4. 分批解决。

既然老板下命令了，行也得行，不行也得行！解决了可能得罪员工，但是，不解决一定会得罪老板。得罪员工，最多人家背后说你几句坏话而已，得罪老板你就得走人了。

我们可以分几个动作来走，首先，强调加班流程，强化对加班的管控，同时明确加班员工相关的福利（比如晚餐）。这样可以控制加班人员的数量。当然，这个需要与相关负责人沟通，一定要把工作安排到位，尽量不给员工加班机会，这是从源头上控制。

其次，调整晚餐标准，对于加班人员，原来餐补标准不变，非加班人员的餐补标准降低。也就是说，当非加班人员在公司蹭晚餐时，让他们感觉这个伙食不好，他们就会失去在公司混晚餐的兴趣了。

最后，有了上面两个步骤的铺垫，在一定时间内，吃晚餐的人员会呈下降趋势，然后公司发文取消这项福利就显得顺理成章了。再有加班人员，就没有必要再提供工作餐了，根据加班单，在工资发放里发放餐补。

不管是什么情况，新人入职后不是传说中的新官上任就要三把火，有时候也要因时而动。无论是烧火还是改革，都要考虑几个因素：

### 1. 领导支持力度。

一定要摸清老板的底，他是怎么想的，他能不能做你强力的后盾，是不是无条件地支持与信任你！如果是，可以考虑拼一下，如果不是，就要考虑自己的斤两了，稍不留神，就会推出去当替罪羊，那就悲剧了。

### 2. 改革措施对谁有利。

我们说立场问题最重要，站队是个很严肃的问题。既然我们要考虑改革，就要考虑，这项改革为谁带来利益？谁是受益者？并不是说，你的改革措施对老板有利，员工就会无条件支持，也不是说，你的改革措施对员工有利，老板就会无条件支持，这个问题是个核心问题。当然，如果你的改革措施从根本上就是错误的，那么不用说，你的改革肯定只有后果没有成果，也就意味着你的下场不会好到那里去。

### 3.改革对手是谁。

没有一件事是可以顺水推舟那么简单，是需要去布局、去算计、去谋划的，那么一定要知道这项改革会触犯谁的利益，他们会不会反扑，万一他们抵制怎么办？拖你后腿怎么办？有没有后手来解决他们？不是说我们怕事，而是纵观古今，没有谁改革没有遇到对手的，你敢虎口夺食，别人也敢铤而走险。

作为新入职的 HR 来说，我们要先适应，后学习，过早地介入公司的管理不是件好事。当然，第一时间就去动别人的利益，这样心大的人，只能多烧几柱香了！

HR 不好当，作为老板的参谋，有时候，面对老板的决策，也需要适当提出自己的建议，有时候真的不能操之过急。当然，有些话，我们也不过只有建议权，听不听是老板的事，但是，如果你不说，就是我们自己的事了。

## *09*
### 第九节

## 如何处理核心员工"绑架"调薪

A 公司人力资源部吴经理最近碰到一个棘手的事情：一名骨干员工小林提出要申请年度调薪，并希望上调30%，调高3000元。吴经理心里清楚，这么大的调薪幅度公司很难满足，但如果不答应，小林可能会辞职，因为其申请语气坚定，很明显是有备而来。而老板又交待说小林正在负责一个很重要的项目，是绝对不能放走的。面对这两难困境，应该怎么解决问题呢？

言归正传，如果我是案例中的吴经理，其实，小林的结局已基本注定，我会从以下几个方面考虑问题：

### 1. 知己知彼、百战不殆。

（1）首先与小林的直接上司沟通，了解小林最近出勤、行为、言语是否有异常，是不是在外面找工作，或家里有新情况需要资金。以此来判断小林是与公司同床异梦，还是另有高就。

（2）了解小林现有工资水平在本地区、本行业处于什么水平？是一般、中等、还是中等偏上，本年度是否有过调薪？调薪幅度多大？

（3）与小林沟通，非正式地聊一聊，试试小林的真实想法，是对自己工资不满意？还是有新的打算？如果是有新的打算，那么提出该建议，只不过是希望公司拒绝，正好给他理由辞职！如果是对自己工资不满意，这个可以沟通，表示可以向公司建议，但是按公司的调薪标准，30% 的要求有点不现实。可以努力争取一个合适的比例，希望小林给个底线位置。

（4）向老板汇报小林的真实想法，征询老板的意见与态度，是有条件地留？还是不顾一切地留？还是做好准备，重新招人？如果是前者，将建议说出来供老板参考，给予合适调薪比例！如果是第二项，那么直接满足小林的要求就行！如果是第三项，那么回绝小林，并着手安排相关替补人选。

（5）再与小林沟通，表示已尽最大努力，为小林争取一个合适的比例或全部比例。如果公司同意加20%，那么先和小林沟通说公司同意加10%，试探小林反映。如小林表示强烈不满要辞职，再对小林说，再向公司领导反映，给争取一下。然后告诉小林，自己已经最大努力了，老板同意再加10%。希望小林静心做好本职工作，如果继续保持良好表现，明年再考虑调薪。先稳住，再起杀意！

### 2. 和稀泥、掺砂子。

不管公司是否如小林意愿调薪，还是放小林辞职，都需要时间来交接。地球少了谁都照转，既然小林已在负责一个重要项目，那么建议公司采取以下措施：

（1）召集项目阶段总结会，要求各参与人员，特别是项目负责人进行述职报告，及时掌握项目进度与动态。

（2）成立项目领导小组，领导为组长，小林为副组长，负责日常工作，再选1~2个人员加入项目组，主要协助小林工作。（如果一对一选人，会引起小林的怀疑，加上领导和其他人员陪衬效果会好点），同时暗示替补人员要全面了解项目内容与要求，表示公司寄予厚望，希望其抓住机会。所谓二桃杀三士，授予权、诱以利，不怕不动心，就怕不要求进步！

（3）定期召集项目组开会，汇报、了解小林的动态，以及替补人员的学习进度，然后给点奖励。不要吝啬，既要稳定人员，又要收买人心。温水煮青蛙，润物细无声，把该掌握的先掌握在手中。

### 3. 深挖洞、广积粮。

小林之所以这么彪悍，敢信口开河，恃功讨赏，就是源于他身为公司核心骨干的不可替代性，要是一般人他敢？这说明公司人才储备不足，关键时候无人可用，这样结局可想而知！所以，要保持团队稳定，必须兵多将广才行，为此需采取以下措施：

（1）对外招聘同类职位，拿来主义，可立即投入使用。

（2）招聘在校大学生，调入储备人才，并投入基层培养。

（3）从内部选合适人员，进行轮岗培训，保持核心人员有替补，边缘人员可互补，少人不少岗，缺岗不缺人。

### 4.杯酒释兵权。

俗话说：林子大了，什么鸟都有，不管什么岗位，到了一定程度总会有挑战公司制度或挑战老板权威的人，员工强则老板弱，老板强则员工弱！有时候你可以容忍一次、二次，那么三次、五次呢？怎么处理，有些不按规则出牌的人，千万不要让他们形成习惯，那样就不好管了！对于这些人，只要合适的人员培育起来，如果大家相安无事，那么按游戏规则走。如果还是拎不清，或是拥兵自重，或持才傲物，那么，让他们该交权的交权，该交事的交事，通过给闲职、调整分工等方式，让他们该靠边的靠边，该退让的退让。当然，这些方式都要保持待遇不变，不能让人寒心！所以嘛，要用制度管人，通过管人来做事，一切都要可控！

对于员工来说，与老板争利无疑是虎口拔牙！要认清形势，凡事留一手，须知孙悟空还有三根救命毫毛呢！既不能碌碌无为，让老板觉得可有可无，也不能江郎才尽，让老板卸磨杀驴！更不能拥兵自重，让老板欲杀之而后快！还是坚持走可持续发展道路吧！

## 10
### 第十节

# 发奖金和年度加薪，哪个好

深圳某贸易公司员工C今年工作表现好，业绩也不错，老板找到HR主管林小姐，说计划拿出5000元对C进行激励，叫林小姐拿一个方案出来。是一次性发奖金还是年度调薪每月上调400元？年底了，发奖金和年度调薪正当时，林小姐不知道该如何选择。

对于林小姐来说，一次性发奖金，就怕有去无回，如果放在年度调薪上，又怕欲无止境！其实，对于这件事来说，如果我是林小姐，我要让老板得名，让员工得利，但是要考虑成本的投入关系，奖金是购物卡，总有卡爆时候！调薪是充值卡，欠费就得停机！摆在林小姐的立场，要思考一个问题：老板是如何想的？员工到底要什么？既然老板愿意出钱，就要抓住机会，做回散财童子，须知过了这个村就没这个店！

奖金是一锤子买卖，多少都可以，可给可不给；调薪就意味着可持续发展，是400×N个月的事，你能对员工说，给你调薪只调一年，第二年这每月400就不给了？那样，只会把人给逼走，这年头能上不能下的主多的是！假如我是林小姐，会考虑以下几种方案：

### 1. 草船借箭奏凯歌。

向老板建议，针对员工C的业绩，再设定一个标准，期限为半年，如果完成，在第二年中旬将5000元作为奖励一次性发放。既然老板愿意出5000元，就要把这钱的价值最大化，既要让员工开心，又要让老板掏得心甘情愿！让员工C也高高兴兴地大喊：谢谢曹丞相的箭！

### 2. 诸葛亮七擒七纵收孟获。

在设计激励方案中，把5000元分成若干阶段性奖励，根据员工C的业绩确定指标，完成就给予奖励，直到5000元用完为止。既让员工C继续保持工作热情，又让他得到实惠，从而彻底稳定员工C！

### 3. 同殿为臣一时瑜亮。

奖金与调薪可以一起嘛，拿出3000元作为奖金一次性发放，留下2000元作为考核奖金放在工资里，半年做一次考核，考核奖金为1000元！对于员工来说，既有奖金，又有考核奖，何乐而不为！

### 4. 关云长归心似箭，过五关斩六将。

常言道：天下没有免费的午餐，老板拿出钱给员工做奖励好，调薪也好，员工总要拿出对等的价值！可以把5000元作为培训费用，送员工去培训，或学习新的技能，然后再签订培训协议，约定服务期！如果不能通过培训或学习考核，只需要自付部分费用，这样员工既可以提高自身技能，又能体现老板的"皇恩浩荡"！所以，员工为了不想出钱，必然全力以赴，克服一切困难，学成归来！

### 5. 桃园三结义。

林小姐在做激励方案时，可以把5000元钱给员工C购买人身保险，让员工既能分红又能得利，不仅本人得利，还惠及家人！当老板把员工当手足，设身处地为员工着想，员工自然把老板当家人。公司是我家，发展靠大家嘛，员工又岂能不为公司抛头颅、洒热血，唱不尽的忠诚赞歌！

奖励的最高境界就是：你给的恰好是别人想要的！如果你给的、别人不想要，那么别人不仅不会对你感恩戴德，而且还会心怀怨言！就像一个人饿了，你给他一个馒头，远比给他一件衣服来得实惠！

**11**

第十一节

# 设计年终奖的方案

一说起年终奖，许多人往往就会想到是 N 倍的工资，或者是年终考核方案。具体这个 N 怎么定，方案怎么做，要考虑哪些因素等，这里面学问很大。作为 HR，你该怎么做呢？

风雨送春归，飞雪迎春到，又是一年谈钱时！连路人甲都在谈论年终奖金话题，有奖者说今年拿的少了，明年换个高的工作！没奖者说，凭啥别人能有我没有？明年换个有奖金的工作！对于企业来说，发奖也愁，无奖也愁，所以就是几家欢乐几家愁！

年终奖作为企业一种激励方式，如何做到既要让老板发得放心，又要让员工拿得称心！这就是一个度的问题！个人认为，设计年终奖金要考虑三方面因素：

## 1. 兑现管理承诺。

（1）羊毛出在羊上。在企业中，对于高管、主管级以上人员、核心员工都有年薪制说法，即平时发一部分，年底再发一部分，给人感觉就是平时过得去，年终吃个够，美其名曰：年底大红包。

（2）不见兔子不撒鹰。从工资中拿出一部分（也有是公司另外拿出一部分）作为年底奖金，并把奖金与表现、工作业绩挂钩，年底进行考核，按系数、按工龄、按业绩等一整合，表现好拿的多，表现差拿的少！你拿得到，说明公司兑现承诺；

你拿不到，公司还说，不是公司不出钱，而是员工不争气！典型的得了便宜还卖乖，把员工卖了，员工还对东家说：今年地没种好，给俩个凑合着过吧，明年再努力！这种也是人过留声、雁过留毛，别想公司大方发奖金，能刮总要刮一点，不管啥时候，地主的算盘打的总是忒精！

### 2. 把奖金当福利。

（1）阳光照大地，人人都有戏。根据公司效益情况，按职位分类，每人统一发1个月以上工资不等作为年底奖金，人人都有，见者有份！这是把奖金当福利，没有所谓的考核、所谓的表现、所谓的系数，当像中秋发月饼、端午发粽子一样，普天同庆！你有我有大家有，激励的是岗位、级别。这样，员工自然凝聚力强，因为机会成本太高，抓住了就不会轻易放手！一般是大型企业，或者效益好的企业会采用这种方式！

（2）工作有提高，切糕当红包。不管在什么样的公司，员工都会有一种想法，不怕工作不提高，就怕年底没红包！红包作为一种奖励方式已经深入人心，多少不论，张数不限，是老板的一种心意，一种肯定！所谓红包有、喝喜酒，红包厚、笑个够！管他是一个月工资，还是吉祥数字，不过是一种福利，是老板另外给的一种待遇，因人而异，视业绩而定！拿到说明老板对你满意，来年还要多争气，拿不到说明革命尚未成功，同志仍需努力！一般是中小企业会用这种方式。

### 3. 让奖金留人。

（1）拿我奖，为我想。年底为了留住员工，企业都会拿年终奖做文章，对于员工来说是：为谁辛苦为谁忙，为了回家买票狂！谁管你什么生产、什么利润，都想早点回家，至于年后来不来，打个问号，看企业态度！对于老板来说是：为了订单为利忙，为了留人要发狂！这时，只要员工坚守岗位，一切都好说，年终奖多少都得给，用钱拴住员工的心，拿我的就得听我的。留得青山在，还怕没柴烧？

（2）掉足胃口，跟着钱包走。对于制造型企业来说，把员工留住是个难题，你不给，别人给呀，别人待遇高、福利好，员工跟着别人跑！所以设计年终奖时，往往会有年前一半，年后一半，年后规定期限，不来按天数扣，员工就算要走，也要先把奖金拿到手，只要员工能来，就有留的希望！就怕员工无所谓，啥都不在乎！更坑爹的是，把年终奖留到第二年年中再发！把员工胃口吊得足足的，就像驴子前面的胡萝卜，想吃就得拼命往前走！

年终奖金对于企业来说，是一把双刃剑，发得好是得人又得心！发不好是赔了夫人又折兵！对于老板来说是想一想，因何而给奖？对于员工来说也要想一想，凭啥要拿奖？不管有没有年终奖金，都要摆正心态，正确对待年终奖，把奖金当成大年三十的兔子，有它没它都过年，有则锦上添花，无则少碟小菜！把本职工作做出彩才是本分，奖金是老板给的，更是自己挣的，不去自己要，要让老板主动给！你的价值不在于能拿多少奖金？而是老板把你放在什么位置！

年终奖其实就是天上掉馅饼，有了馅饼还嫌不够大，这就不厚道了！与其为能拿多少奖金而愁，不如想办法赢得老板的心！

## 12
第十二节

# 如何执行带薪年休假

年关将近，带薪年休假话题再一次成为员工关注的焦点，有没有？有几天？具体是怎么执行的？人们都在互相询问和对比。当然了，很多公司严格按相关法律标准执行；也有企业呢，上有政策，下有对策；还有企业呢，上有政策吗？我看不见！也许，年休假就成了传说！

对年休假的认识，简单分享个人对年休假的了解与认识：

### 1. 年休假定义。

机关、团体、企业、事业单位、有雇工的个体工商户等单位的职工连续工作1年以上的，享受带薪年休假（以下简称年休假）。单位应当保证职工享受年休假。职工在年休假期间享受与正常工作期间相同的工资收入。

注意事项：

工龄指累计折算，只要证明在其他单位和现单位连续工作满足12个月就可以享受，中间间断不超过一个月，工龄算是连续的。

### 2. 年休假的标准。

职工累计工作已满1年不满10年的，年休假5天；已满10年不满20年的，年休假10天；已满20年的，年休假15天。

国家法定休假日、休息日不计入年休假的假期。

不享受当年年休假的条件：

（1）职工依法享受寒暑假，其休假天数多于年休假天数的；

（2）职工请事假累计20天以上且单位按照规定不扣工资的；

（3）累计工作满1年不满10年的职工，请病假累计2个月以上的；

（4）累计工作满10年不满20年的职工，请病假累计3个月以上的；

（5）累计工作满20年以上的职工，请病假累计4个月以上的。

年休假在1个年度内可以集中安排，也可以分段安排，一般不跨年度安排。单位因生产、工作特点确有必要跨年度安排职工年休假的，可以跨1个年度安排。

### 3.未休年假的报酬。

单位确因工作需要不能安排职工休年休假的，经职工本人同意，可以不安排职工休年休假。对职工应休未休的年休假天数，单位应当按照该职工日工资收入的300%支付年休假工资报酬。

### 4.年休假的计算方式。

（1）职工在新单位计算年休假公式：当年度在本单位剩余日历天数÷365天×职工本人全年应享受的年休天数。

（2）职工连工龄不足12个月的，无年休假。

（3）满足年休假条件的员工中离职的，按已服务天数享受，年休假计算：当年已服务天数÷365天×年休假天数－已休天数。如果离职前年休假已超额休掉的，不得扣回。

**5.年休假的技巧。**

（1）年休假的计算方式不同，得出的结论也不同，特别是跨企业工作的员工，企业需要抓住连续工作日期，以新单位入职日期，灵活运用政策。

（2）将年休假分开使用，避免一次性5天用完，这样可以适当控制员工的假期。

（3）特殊情况下，平时限制使用年休假，放在春节期间一并使用。

（4）如果接到员工的离职单，核算一下该员工年休假是否用完，如没用完，最好让员工用完年休假，以避免不必要的纠纷。

我曾经服务过（很多不规范的中小型企业同样存在此问题）的公司就没有年休假的概念，作为 HR 感到非常惭愧，一句适者生存让胳膊扭不过大腿。要么忍：忍气吞声、墨守成规；要么滚：揭竿而起，另谋他路。要玩就得遵守规则，周瑜与黄盖的游戏，关别人何事？

作为 HR 在招人时，最好如实告之公司实际情况，合则来，不合则散，免得误人子弟！在求职时，也要认清形势，不要被表面风光所迷惑，该问的问，听音听准。了解企业文化确实很有必要，还需评估改变不良现状的概率，冒然而进，最终是伤人误己！

# 如何应对老板不想发年终奖又裁员

B 公司老板今天一早就找到 HR 经理张小姐说，由于今年没有达到预期业绩目标，全公司的年终奖就不发了，而且还要裁员10%，叫张小姐拿个方案出来。张小姐一听，一下子蒙了，不知道怎么办才好。

企业作为社会的基本单位之一，需要承担一定的社会责任，在和谐社会的今天，动不动就打出裁员牌，不仅让员工心寒，也会让监管部门警惕。对于企业来说，拖欠员工工资和裁员基本上属于警戒线，踩了会麻烦很大，不到万不得已，尽量不要沾边，这种问题是老板和 HR 都头痛的问题，处理不好伤人伤己。

本案例中，张经理首先需要知道老板的真实目的，是假裁员、真不发奖金，还是发部分年终奖、同时裁员，还是既要裁员又不发年终奖。只有了解真实目的，找准问题才能对症下药，否则头痛医脚，于事无补，反而会让问题越来越重。不管老板真实意图如何，做几套方案，让老板做选择题。可以采取如下方案：

## 1. 上策

当企业业绩不佳时，取消奖金、裁员会让员工对企业前景担心，丧失斗志，悲观情绪一出现，再想扭转就难了。员工惶惶不可终日时，谁还考虑企业业绩？都会担心自己饭碗。那么，有点能力的员工就会考虑找工作了，既然奖金都没了，还要裁员，此刻不走，更待何时？

同样，如果企业老板能够召开全体员工大会，表明虽然企业业绩不佳，但是困难是暂时的，只要员工都在，企业就有信心克服任何困难。在望梅止渴、画饼充饥时，为了表示心意，多少发点奖金以鼓舞士气！危难时刻显忠义，让员工对老板感恩戴德，身在职场不就是想跟一个好老板嘛！


## 2. 中策

可以给老板分析：

（1）如果裁员，年底将近，可能会造成进一步的动荡，加上现在《劳动合同法》基本上偏向劳动者，企业需要支付一定比例的补偿金，代价不小。

（2）如果不能妥善处理，被裁员工是光脚的不怕穿鞋的，如果上网发帖、打电话给媒体求助，对企业的社会形象是非常不利的。公司还需要支付高额的公关费用，同时也会被地方监管机构列入黑名单，更糟糕的是不利于企业招聘，谁还敢来企业上班？

（3）员工稳定对企业是1+1>2（好事不出门，影响小）。员工不稳定，社会负面影响是1+1>100（坏事传千里），老板也有圈子，低头不见抬头见的，总不能让老板声名扫地吧！

向员工宣传：

（1）市场大环境不好，许多企业效益不好，面临困境，公司虽然经过多方努力，但是业绩仍有差距，打悲情牌。

（2）企业原计划裁员10%，老板坚持承担企业责任，放不下员工，希望员工能与公司共同面对难关。经过老板慎重考虑，保留员工，但是今年年终奖取消了，暂时记账，等以后效益好了，再多发点奖金，以感谢员工的忠诚。

这样，既能达到不发年终奖金的目的，又能让老板留下好名声。员工还能为保住工作而庆幸，何乐而不为！

### 3. 下策

如果老板铁了心，又要裁员又要取消年终奖，具体做法如下：

（1）进行造势宣传，公开说明公司今年业绩差，公司面临困境，不但发不出年终奖，同时还要裁员15%（留有5%作为缓冲）。私下里找部门主管及员工谈话，表明公司的境况不是想象中那么差，困难是暂时的，来年业绩好转的可能性非常大，届时调薪、加倍发奖金，希望稳住核心员工。

（2）将平时表现不好的员工、合同到期的员工、试用期的员工名单整理出来备用，这批员工优先考虑裁员。

（3）向公司工会或职工代表大会建议裁员计划、公布名单，同时注意裁员超20人需要到地方劳动主管部门备案，并说明原因。

（4）对于工伤、非因工负伤处于医疗期员工、孕期员工要特别注意，不要放裁员名单中，以免引发争议，这些可以继续观察，待条件成熟时再考虑。

（5）对于裁员名单中员工，打悲情牌，找其沟通。表示公司效益不好，公司考虑放无薪假，比如说上四休三、上三休四，安排夜班，或调岗，让员工忍不了而辞职。

（6）向裁员员工说明裁员的无奈。如果公司效益好转，欢迎老员工再回公司。同时也表明自己会关注员工的就业，会尽量帮忙联系，也可以开玩笑表示自己也考虑下家啦，前景不容乐观呀！

（7）对于没有辞职的裁员计划人员按 N+1 原则给予补偿，降低纠纷。

所谓义不理财、慈不掌兵，HR 在处理劳资纠纷过程中，要站对方向，表明立场。关键时刻，HR 不能比心狠，比刀快，须知心狠手辣断己路。

在企业中，老板与员工之间是人民内部矛盾。在老板和员工间的博弈，往左刹车不要太猛，往右转弯不要太过。作为 HR 来说，能为员工考虑的尽量考虑，给自己留条后路，今天你对员工杯酒释兵权，明天老板可能对你炮轰功臣楼。

第五章

PART 5

———

绩　效

## 01

第一节

# 如何选择绩效考核方法

绩效考核是企业提高员工效率，达成工作目标的主要手段。不同的行业，不同的企业，不同的发展阶段，绩效体系建设情况都不一样，选择的考核方式也不一样。那么问题来了，作为 HR，你会如何去选择绩效考核方法呢？

首先我们先来看看绩效考核方法有哪些·

**1. 常见的绩效考核方法。**

（1）强制比例法。这个考核方法是指根据被考核者的业绩，将被考核者按一定的比例分为几类（最好、较好、中等、较差、最差）进行考核的方法。就是必须要将考核对象分成三六九等，什么人在什么档次。当然在实操中为了这几个等级也是伤透了心，设定一定的比例，基本上是中间大两头小的格局。

（2）目标管理法。目标管理是通过将组织的整体目标逐级分解直至个人目标，最后根据被考核人完成工作目标的情况来进行考核的一种绩效考核方式。在开始工作之前，考核人和被考核人应该对需要完成的工作内容、时间期限、考核的标准达成一致。在时间期限结束时，考核人根据被考核人的工作状况及原先制定的考核标准来进行考核。

问题的关键是这个目标怎么定？是不是合理？实操过程中如果设定的目标不靠谱，可望而不可及，同时又不管员工的抗议，而采取命令压迫式的传达，这会让被考核者非常郁闷，最后有可能就是一种哀莫过于心死的状态！

（3）KPI考核法。KPI又称关键业绩指标考核法，一般来说是指对组织内部某个部门或是流程输入到输出端的关键要素进行统计、分析、取样，并确定某个或某几个参数在整个流程中重要作用的考核方法，原理类似80/20法则。这要求我们抓住重点，把所有的火力点集中到几个关键位置上，去解决影响流程业绩的核心问题。

实操过程中，这个关键业绩指标的提取是个难题，能不能牵到牛鼻子就要看看你的判断力与对整个组织运营的熟悉程度了，不然容易让人忽悠。最重要的是，这个关键指标的定位由谁负责？是老板说了算，还是被考核部门说了算，还是HR部门说了算，还是大家一起讨论？

（4）BSC考核法。这个比较高大上的考核方法，根据企业的战略目标，从财务、顾客，内部过程、学习与创新四个纬度对企业进行全面测评的一种考核方法。这个考核方法不仅对企业经营管理者的素质要求高，也对参与的管理层职业素养要求高。

据说国外的很多公司喜欢用这个套路，但是对于国内的企业来说，运用这个的应该不多，毕竟难度很大。

（5）360°考核法。这个是指上级、同级、同事、下属、自己，还有顾客对被考核者进行考核的一种方法，通过多维度的评价，结合不同的评价意见，得出一个比较全面与客观的评价，所以这个考核方法也号称无死角全覆盖考核法。

问题的关键是，这个虽然多角度，但是，谁能保证每个环节都是客观公正的呢？谁还没有点私心与小九九呢？如果我与你不对付，你落到我手里了，你说我是公正无私呢，还是公报私仇呢？所以说，360°考核不过是个美丽的童话！我们说正确评价下属的能力，本来就是一名上司应该具备的职业素养，把自己的应该承担的责任主动放手或是被动交给别人，你说下属的心还会在？到底谁对下属的前途负责呢？

（6）OKR考核法。据说这个考核方法现在很火，好像不知道这个考核方法就不是一线专家一样。OKR考核法即目标与关键成果法，是一套定义与跟踪目标及其完成情况的管理工具与方法。据说是传说中KPI的升级版。不像KPI那样只要结果不要过程的玩法，这种考核法通过对目标的定位来强化对过程的控制，相对于KPI考核法多了一些人性化，毕竟即要目标也要过程，就离不开沟通与自我管理。

**2.怎么选择绩效考核方法。**

上文提到几个常用的考核方法，看起来每个好像都不错的样子，但是，到底应该怎么去选择呢？在选择考核方法的时候需要考虑哪些因素呢？

（1）企业的实力。说真的，有些考核方法是需要投入银子的，还需要投入人力，不要用那么复杂的高端的考核方法。像有实力的企业可以用BSC或是OKR这样复杂的考核方法，组建专门的部门，把人资或是财务队伍配齐，这样才可以玩，如果是那些人力资源部就一两个人的企业，就算了吧，考核方法怎么简单就怎么来吧。

（2）管理层的素养。绩效考核，说白了就是一种利益再分配的工具，是高层管理者手里的一把枪。如果他们对考核重视或是理解力够深，有些考核方法就可以用，哪怕高难度的考核方法也可以上马，毕竟管理层的重视是最大的支持。不会可以学，可以组织培训，甚至可以请专业的咨询公司来操盘。

如果管理层没有这么高的素养，就不要那么复杂，考核方法就具备两个点就够了，一是怎么罚，二是怎么奖。其他的都是浮云，不需要瞎操那么多心了。

（3）HR 部门的专业度。如果 HR 自身的专业功底不够扎实，还谈什么在公司推行绩效考核方法呢？你自己都没整明白，还谈什么辅导别人？比如说 BSC 就有个财务的维度，你自己对财务是七窍通了六窍，你还玩什么？再比如，你自己整一套绩效考核方案出来，老板或是同事几个问题就弄得你黔驴技穷了，那丢的就不是你的面子了，连老板的脸都让你给带没了。所以，我们在选择一个绩效考核方法时，自己对这个绩效考核的方法一定要熟悉，就算不精通，至少你也要保持在公司是唯一一个最厉害的存在。

（4）员工的接受程度。有时候，并不是说我们指哪员工就能打哪。新工具的运用，总要看员工的接受程度，有些东西也不是在外面最流行最时髦，员工就能接受的。如果员工的综合素养高，对新事物接受程度也高，再加上企业的实力等因素，可以试一些高大上或是符合形象的考核方法。如果企业中的员工素养普遍不高，斗大的字不认识几个，你还指望他们如何吗？所以，什么样的群体，就要选择与之相匹配的工具。

（5）操作的难易程度。不论什么管理工具，既然要用，一定要达到某种管理目的，总不能拿来看看吧！所以，在选择考核方法的时候，一定要考虑该考核方法的操作难易程度，没有多少人会愿意把时间都浪费在研究各种表格与工具上面，那种简单易懂、傻瓜式的最好。大家看了都能明白，自己需要做好哪些事，做到什么程度有奖，什么程度会被罚等。如果一项考核的操作方法，人家看了几天没看明白，一头雾水，这样下去，迟早有一天会变成形式主义。

我们说，决定一双鞋子是不是合脚，不是看外观如何，而是看自己穿得是不是舒服。同样，对于考核方法的选择也是这样，不要迷信工具，更不要迷恋时髦的工具。要看你自己需要什么工具，你想通过这个工具来达到什么目的。同时还要考虑你能不能玩得转这个工具，如果玩不转，那就是摆设！

当然，如果你们自己够牛，不一定非要局限于上述的考核方法。你也可以将上面的考核方法进行组合，形成你们自己特有的考核方法，所谓不管黑猫还是白猫，能抓住老鼠的就是好猫。

## 02
### 第二节

## 如何推行绩效考核

有人说："考核难于推动，数据迟迟收不上来。"据调查统计，有近85%的企业有过类似考核推行受阻的现象发生。究其原因，主要是领导和管理层不重视、员工对考核排斥、不认可考核方案、没有配套的数据收集机制等。

有人说绩效不好，有人说绩效好，不管好与不好，都不可否认绩效存在的价值与作用，关键是如何去推动绩效考核？如何才能减少相关部门对绩效的抵触情绪？

考核是一件大事，不能匆匆上马，要有计划、有步骤去运作，任何管理措施要想持续产生影响，都不是一蹴而就的事。要推行绩效考核可以有下面一些套路：

### 1. 领导重视。

不管什么制度，要想得到推行，一定要得到领导的支持，而领导主观上强烈要求某项制度能够得到落实，这是某项制度从想法变为执行的关键。所以说在绩效推行前，一定要与领导充分地沟通，特别是解释该项制度能够为公司带来哪些利益，能够解决哪些领导迫切想去解决的问题，争取得到领导的认同。同时，向领导汇报要想推行绩效需要得到哪些支持，可能面临哪些问题，自己有什么对策或是顾忌，把这些问题提前向领导做个说明。毕竟一项制度的推行会面临很多问题，作为制度的主导与推行者，必须要得到领导的充分信任与授权，只有"皇恩浩荡"外加手中握有"尚方宝剑"，才能让自己不立危墙之下。

### 2. 试探虚实。

在推行绩效前，可以有意识、有目的去放点小道消息出去，既是让信息扩散，也是吊别人的胃口，更是让员工有个心理准备过程。当然，这种放风也是需要技巧的，既不能无限夸大好处，也不能恶意诽谤坏处，总之，就是既让员工兴奋，也让他们忐忑。只要涉及利益的问题，都不是小问题。而 HR 部门这个时候就要做个有心人，暗中观察有没有反对者，或是哪些群体对绩效推行有消极态度，做到心中有数。我们一定要知道潜在的"对手"会是谁，他们的实力与影响力如何，会不会拖后腿，我们要提前做好应对的措施。其实，这招也是所谓的钓鱼法或是打草惊蛇法。

### 3. 寻找契机。

经过试探员工虚实后，就可以知道管理层与员工层对绩效的反应，立即做出相关的反应，也不是上策。我们需要等待一个契机，这个契机能成为很好的切入口，让管理层正好借势做出推行绩效的决定，这个非常重要！《礼记：檀弓下》："师必有名"，国人历来讲究这个。而且到那个时候，员工对于公司的政策也只能接受，抵触情绪也会进一步降低。

这个契机可以是一些重要的事件，也可以是一些管理上的过失，总之，公司需要一个正当的理由或是借口，好过平地一声惊雷！

如果公司有实力，也可以简单直接粗暴请咨询公司介入，通过他们的系列手段得出结论，或是借助他们的力量来推行绩效方案。

### 4. 收集信息。

很多时候，绩效之所以难推行，是因为绩效方案中过多地带有老板的意志，是一种自上而下的命令式的执行，这会在一定程度上弱化管理层与员工层的参与感！所以，绩效要想顺利地推行，在 定程度上要能体现"民意"，一定要让他们参与进来。在设计绩效方案的时候，可以组织管理层与员工层就他们的工作进行沟通与探讨，探讨他们工作的难点在哪里？他们的需求又是什么？为了达到某个目的他们又需要什么资源？如果给他们设定某个目标，这个目标什么水准比较合适或者能让他们接受？

除去与管理层、员工层的沟通，最重要的还是要与老板沟通，了解老板对各个部门或是某个关键岗位的定位，希望他们能承担什么样的责任，解决什么样的问题，做出什么样的成绩，希望他们扮演什么样的角色等。只有充分地了解上下层的想法与需求，才能做出一份兼顾双方利益或需求的绩效方案。

### 5.制订方案。

我们说，通过系列的信息收集后，接下来就是制订一份合适的绩效方案，这个谁也帮不了你，只有 HR 部门自己来完成。当然，这份绩效方案要兼顾老板、管理层、员工层的诉求。个人认为可以用532原则来分割，即老板的意志占5成，管理层的想法占3成，员工层的诉求占2成，这样的草案相对合理。

绩效能不能推行成功，方案的合理性与可操作性一定是非常重要的因素，所以，绩效的方案不能完全是老板的意志，也不能完全是管理层的想法。当然了，这个方案还要考虑可操作性，去繁变简才行。没有谁有时间陪你在那里磨叽！

### 6.意见征集。

制订绩效方案，不是说我们搞定了就可以交差，相反，绩效方案的完成只是万里长征的第一步。我们需要带着这份绩效方案与老板沟通，解释这样设计的思路与目的，哪些地方以老板的想法为核心，哪些地方考虑了管理层与员工层的意见，然后才是人力资源部用专业的知识来系统地加工与优化，变成一项项可操作的指标。与老板沟通的目的只有一个，这份绩效方案有没有满足老板对绩效的需求，有没有达到他想要的目的，这才是关键。

同时，绩效方案不能完全由老板一个人说了算，还需要再次与各部门主管或是员工代表进行座谈，多方征求他们对绩效初稿的意见与态度：是不是他们想象中的那样，有没有什么指标或是计算方式刺激到他们的神经，这种操作方式他们能不能理解，有没有更好的表述方式，有没有更科学的考核指标等等。然后再次结合上下层的意见来做调整。

### 7. 方案定稿。

一份考核方案的形成可能经过无数次的调研与修改，最终定稿的一定是上下层妥协的结果，体现一种平衡的艺术。那么方案定稿是不是一份文件发到各部门的邮箱或是放到各部门主管的办公桌上就完事了呢？

我们说一份制度要有法定的效力，也是需要走程序的，前面的意见征集就是走程序的一种！在绩效方案形成过程中，每次管理层与员工层共同参与的座谈都是需要有会议纪要及签名的！然后才是将定稿后的方案公示，这是公司最后的意志体现，也是最具有权威的决定。公示后才是正式下达文件。

### 1. 试运行。

其实，很多时候，并不是我们以为的就一定会是我们以为的，现实往往比梦想来得骨感。绩效没有推行前，有人认为那份文件离我们还很遥远，等到真正实施的时候，才会发现问题一个接一个地冒出来。所以，绩效推行的时候一定要有一段试运行的时间，用来检验绩效方案的可行性。在试运行过程中校正绩效方案，并起到查漏补缺的作用。

绩效推行要想顺利，试运行的时候一定要一炮而红。要把势头造足，对于在表现优秀的部门或人员，奖励要开启无限循环模式，让别人羡慕嫉妒恨吧！

当然，对于执行力不强的部门或是人员，也不要过于纵容，一定要下狠手。让别人意识到，谁要站在公司政策的对立面，一定不会有好果子吃，实际上就是一手大棒一手胡萝卜的原理。

## 2. 跟踪、反馈、总结与完善。

绩效实行过程中，必然会遇到各式各样的问题，对于这些问题的后续解决要尽善尽美。哪些可以完善的，哪些不能完善的要给出一些解释说明。哪些问题是需要具备一定条件才能解决的，哪些问题是目前不合适解决的，作为推行部门的 HR 一定要有清醒的认识，并不是所有的问题都要解决的，分清轻重缓急还是必要的。

同时，在试运行阶段，绩效方案有没有起到解决某些问题的效果？员工的状态是不是与预想的一致？公司相关目标有没有按计划达成？员工对绩效的认识有没有偏差？员工对绩效的结果感知如何？绩效有没有起到正面的积极作用？想明白这些问题后，在一个绩效试运行周期后可以对原来的绩效方案进行微调，然后再继续推行。只有进入这样的良性循环后，绩效的推行才能慢慢地往设定的轨道上走。

我们说绩效的推行不亚于打一场战争，需要考虑的因素太多，牵一发而动全身，丝毫不能马虎，更不能大意。如果靠一纸文件就能解决问题，还需要你来做什么呢？

凡事都有个过程，既不能太快，也不能太慢，可以小步快走，也可以慢工出细活，但是这个度一定要把握好。如果自己都没有把握做好一件事，就不要抱着试试看的心理去尝试，因为有些代价是需要用前途去换的，要知道，很多制度最终都输给了人性。

# 小企业要不要做绩效考核

小企业要不要做绩效考核？众说纷纭，有人说，再小的企业都要做绩效考核，这是企业管理不可或缺的一部分。有句话说得好："员工只会做你所考核的"，通过考核让"工作干好坏，结果不一样"，更能体现公平，更能调动员工的积极性……

也有人说，小企业根本就不具备绩效考核的推行条件，无法做也没必要做。有句话也说得好："巧妇难为无米之炊""杀鸡焉用宰牛刀"。所以，无论是从充分性还是从必要性来说，小企业都不要做绩效考核……

我们说，考核只是一种管理工具，不管企业大小，考核都是需要的，只不过形式不同。当然现实中的小企业确实存在这样或是那样的问题，严重影响到绩效的推行或是挫伤绩效推行者的信心与决心，难道这样因噎废食吗？

小企业做绩效考核的难点在哪里？

## 1.老板不重视。

正因为企业小，老板才会觉得考核用处不大。反正就那么点人，犯不着动真格的，大家的表现如何，心中都有数，用不着再用考核来说事。而且很多小企业的老板因为机缘等因素创业，自身的素质也未必很高，他们在管理中往往会迷信自己的经验与看人的眼光，所以不一定就重视考核这样的工具。

## 2.HR 不专业。

并不是说所有小企业的 HR 都不专业，只是相对来说。通常小企业因为规模与实力限制，未必会对 HR 部门配置齐全，再加上老板自身的观念，认为 HR 谁都能做，经常有其他部门的人转岗做 HR。如果培训跟不上，会导致 HR 的专业度有限，其自身的专业素养也不足以支持绩效体系的建设与推行。

## 3. 员工不接受。

小企业的员工向往自由或是人性化的管理风格，或是轻松的工作氛围，真要是折腾考核，反正都是那么累，都是压力那么大，为什么不去大公司混呢？只要把手中的工作完成就可以了呀，为什么还要考核呢？来这里工作，图个啥呢？

## 4. 管理条件制约。

很多小公司只是看起来表面光鲜，管理制度并不完善。很多事并没有流程化，也没有制度化，出事的时候，想一出是一出。你要想弄一个绩效出来，你会发现，很多做法都没有配套的制度支撑，也就是说除非你在整绩效的时候，顺便把一整套公司的管理制度设计全了，否则独木真的不成林！

对于小企业来说，做绩效考核的必要性在哪里？

## 1. 生存的需要。

正是因为小企业面临的问题是生存的需要，绩效的存在才更有意义，谁去抢市场？谁来做保障？你让人拼命就是干动嘴皮子吗？我们不能说堵枪眼的时候就想到英雄，论功行赏的时候却把狗熊推上去了！这样谁还会给你卖命呢？所以，越是在生死存亡的阶段，越是利益当先，让人没有后顾之忧，才能豁出去拼一把。

### 2.员工发展的需要。

既然是小企业，当然不会养闲人，这就要求组织内部的员工，必须能身兼多职，一专多能地把工作顶上来。虽然有些企业确实不厚道，一个人的工资做几个人的事！正常来说，如果一个人能干两个人的活，虽说不能享受两个人的待遇，但是至少会比一个人的工资要高点，这样也能进一步地刺激员工自我学习、自我成长的欲望，而当员工成长之后，也会不满足现在的状态，某种程度上也会倒逼企业管理的改善。

那么，小企业又如何做绩效考核呢？

### 1.不要拘泥于形式。

做绩效考核就一定需要走各种形式？一定需要标准的各种套路吗？就一定需要各种工具支撑？核心还是看企业管理者对考核的功能定位是什么？需要通过绩效考核达到什么目的？无论何时，方法永远是为了目的服务的。打个比方说，你大企业用BSC考核方法是考核，小企业说谁做得好就发奖金，做不好就不发奖金，这就不是考核了吗？对于小包工头来说，原本一个搬砖伙计8个小时搬砖500块就能得到100元的工资，他说，在8个小时搬砖500块的基础上，每多搬100块砖头就多给20元奖金，同时，在8个小时内不能搬砖500块的，每少搬50块的就扣20元工资。这个难道就不是考核的一种表现形式了吗？又何必非要整得那么正规呢？

## 2.绩效要有可操作性。

对于小企业来说，选择考核的方法，可以选择简单易操作的考核方法，只要能达到考核的目的就行。根据企业所处的阶段来做考核，不要考虑太前卫，太时髦的考核工具。如果条件不成熟，可以先对重要的部门或是核心的岗位进行考核，定量与定性指标相结合，有了一定的操作经验后，再逐步地将考核的范围扩大，这样分批、有计划地实行绩效，效果反而会更好。当然，可操作性并不意味着考核过程使用大量的表格与工具。虽说能够支撑考核的数据越多越细越好，但是，如果公司的 HR 部门人员不足，或是参与考核的管理人员缺少必要的耐心，还是化繁为简比较好。

## 3.考核指标要少而精。

对于小企业来说，因为条件所限，不可能把绩效整合得那么尽善尽美，所以在设计绩效考核方案的时候，考核的指标不要太多，要小而精，把需要解决的难点和重点优先考虑，集中时间与精力去解决某个时间段内的突出问题。所以这个时候，可以把各部门或是相关岗位存在的问题进行排列组合，选择最恰当、最关键、最需要解决的问题来设计考核指标。虽然还是定量定性相结合原则，但是，总指标不宜超过8个，4/4原则相对合适，即4个定量指标，4个定性指标。这样简单扼要，抓重点就行，也不会让人把时间过多地花在其他非重要的事情上面。

## 4.考核周期不宜短。

对于小企业来说，考核周期用季度比较合适，月度考核有点太过于频繁，半年考核周期又太长。周期太短，容易掉入为了考核而考核的陷阱，因为净忙着做考核数据了；周期太长，又容易让人遗忘考核的威力，那样起不到效果。所以季度考核兼顾长短周期的需求，也不会过多占用考核与被考核人的时间。

### 5. 考核结果的运用要快而准。

正因为是小公司，所以在考核结果公布之后，就要快刀斩乱麻，让被考核者立即尝到考核的成果或是后果。该奖的要正大光明地奖，最好营造锣鼓喧天、鞭炮齐鸣的感觉，该罚的也要有游街示众的压力！通过这样的引导，让人意识到考核存在的必要性与作用。

### 6. 注意考核过程的公正性。

小公司因为人少，没有什么事能够藏得住，正是因为如此，没有必要藏着掖着。在考核的过程中尽可能做到公平、公正，允许别人有不同的声音，允许别人申诉。只有这样才能加强监督，减少暗箱操作的机会。不要因考核者的放水而让绩效成为一种利益或是斗争工具，那样就失去了绩效考核存在应有的意义了。

麻雀虽小，五脏俱全，没有小公司永远只想做小公司，而大公司也不是生来就是大公司的。我们要用发展的眼光去思考问题，春天种下的种子，只是为了秋天的收获，今天的所有努力，只不过是为了明天会更好。

我们说大公司有大公司的优势，小公司也有小公司的便利，不能拿大公司的管理去套小公司，也不能用小公司的方法去衡量大公司。我们作为 HR，唯一能做的就是制订适合企业在不同阶段需求的管理工具或是制度，其他的不能想太多！

# 04

第四节

# 如何提炼 KPI 考核指标

在 OKR 没有流行之前，很多企业选用 KPI 这种考核方法，KPI 好不好用？确实能够解决一些问题，但是，如何去提炼 KPI 指标呢？这是个大问题！而确定准确有效的 KPI 指标又是成功实施考核的关键。那么，KPI 从哪里来，该怎么来提炼和确定？有没有什么方法呢？

我们知道所谓的 KPI（关键绩效指标），就是定位关键核心的那几个指标，也是20/80法则的完美诠释，就是多数的问题往往是由那少数的问题来决定的。所以说，这就要求我们在选择 KPI 考核方法时，脑子里要飘过一个概念，谁才是那个关键的少数？

那么提炼 KPI 指标要走什么套路呢？我们说也是三点一线，即先公司，再部门，后岗位。

## 1. 确定公司级的 KPI 指标。

对于公司层的 KPI 提炼，这个不是 HR 就能做到的，需要看老板的想法，看老板对公司发展的战略定位，看老板对公司本年度目标的设定，看老板对管理层提出的经营要求。比如说，年度利润率、年度销售额、市场占有率、净资产收益率、成本控制率、年度目标完成率等等，都可以作为公司的 KPI 指标。

这些指标的设定既需要他个人对企业发展的预期，也需要结合上年度或是过去两三年发展情况的规律判断，或是管理层基于公司过去发展的总结以及对未来目标的预测，综合平衡考虑。

不管公司级的目标怎么定，一定是先有公司级的 KPI 指标，然后才能层层往下分解到各部门的 KPI 指标。当然，有时候也不能怪老板的要求过高，古语有云："求其上，得其中；求其中，得其下；求其下，必败。"所以，老板也是想给管理层一点压力，这种心情与手段也可以理解。

### 2. 确定部门级的 KPI 指标。

既然公司级别的 KPI 指标已经确实，下一步就是轮到部门级 KPI 指标的提炼与设定。当然，有些公司级的 KPI 指标是可以直接分解到部门级的：

市场部，像销售额、市场占有率、资金回笼率、客户满意度、销售计划完成率、销售增长率等等。

生产部，像生产计划完成率、生产成本控制率、产品质量合格率、劳动生产率、废品率等等。

人力资源部，像招聘达成率、培训完成率、员工流失率、薪酬核算及时率、考核计划完成率等等。

研发部门，像项目完成率，研发成本控制率、项目研发转化率等等。

有些部门指标就需要公司管理层对部门进行定位了，就是公司需要某些部门扮演什么角色，根据这些角色来设定 KPI 指标。

还有些指标的设定一定要考虑管理层最希望部门迫切解决的问题，只有解决这些问题，才能从源头上定位该部门的存在。

### 3. 确实具体岗位的 KPI 指标。

对于具体岗位的 KPI 指标提炼，第一条要以岗位说明书为基础，就是要知道这个岗位要做哪些工作？哪些工作才是该岗位的重点？或是完成哪些事就能确保这个岗位的价值最大化？当然，我们也要考虑两个关键点；首先，并不是占用你最多时间的工作就是你的重点工作；其次，并不是花费时间不多的工作就可以忽略不计。

当然，具体岗位的 KPI 指标也可以与部门级 KPI 指标进行对标。比如说，人力资源部招聘专员的关键指标就可以与部门级的 KPI 指标一致，招聘达成率就是相同的考核纬度。销售人员的关键指标与部门级的 KPI 指标也是可以对标的。

除去上述常规的 KPI 指标提取方法外，也有学者或是同行提出其他的 KPI 提取方法，比如基于工作流程的 KPI 提取法。在企业内部，根据行业的特点或是企业管理风格与定位的不同，企业的组织结构也不同，那样可能我们常规理解的工作流程会发生变化，也就是相关职能部门的职能范围覆盖面不同。这样与之对接的工作流程也不同，那只能根据工作流程来描述或是定位各部门、岗位承担的职能，进而确定他们的 KPI 指标。

再比如根据管理工具的特点来提取 KPI 指标法，比如有的企业选择 BSC（平衡计分卡）作为绩效考核的方法，那么这个工具需要从财务、客户、内部流程、学习与成长四个维度来考核，所以，就会产生 BSC+KPI 组合式的考核方法，这也是另一种 KPI 指标的提取方法。

我们说，并不是知道怎么提取 KPI 就能解决问题的，在这里又需要我们提另一个概念，就是关键指标的提取必须符合 SMART 原则：

Specific——具体性，不管提取什么样的 KPI 指标，这项指标一定要是具体的，有清晰的概念，至少要让人知道这个指标具有什么样的作用与意义。

Measurable——衡量性，提取 KPI 指标要做到量化，能够量化的必须要量化，有具体的计算公式，能根据相关数据核算出来，这样操作起来就相对简单。而且通过计算得出来的指标就会显得可靠与真实、客观。

Attainable ——可达性，关键指标的选择一定要能够实现，而不是做不到的东西。镜中花与水中月的概念就不要拿出来忽悠人了，那样没有意义。

Realistic ——现实性，KPI 的提取主要是为了解决某些问题，不能解决问题的 KPI 指标就是耍流氓了。今天的问题，需要用今天的方法去解决，KPI 指标的确定绝不能是用今天的方法去解决明天或是后天的问题。

Time based ——时限性，KPI 指标的考核只要能在一定的周期内解决就行了，超过一定的周期后，当前的 KPI 指标或许就不再是最重要的指标，或者当前的问题已经得到解决。这个时候，就需要将相关的指标进行替换。当然，有些指标的数据需要统计，那么就要求把这些数据的收集与分析限制在一个具体的周期内，形成整个考核周期内的约定成俗的标准。

除了 SMART 这个原则，另外在提取 KPI 指标时，还需要注意几个点。首先，KPI 指标的数量不宜过多，小企业的 KPI 考核可以是4/2原则，即4个定量的指标，2个定性的指标；中大型企业，就可以4/4或是6/4原则，过犹不及。

其次，KPI 指标的提炼，需要"三方会谈"即，HR 部门，被考核者，被考核者的领导，既然是指标提取，就不能脱离当事人的参与，更不能脱离被考核者领导的参与。

当然，有时候，我们也要清楚：知道一回事，会不会提取是一回事，能不能提取又是一回事，提取得对不对更是另一回事。这就要看 HR、管理层、被考核者之间的博弈了，狭路相逢智者胜！

# 05
## 第五节

# 绩效考核结果应该怎么用

有人会问，绩效考核的结果怎么用才能发挥最大的作用呢？这个其实是个百宝箱，只要你想用，就没有不能用的。绩效结果最主要的运用包含以下几个方面：

**1. 升职加薪的依据。**

不管平时如何吹牛，绩效说话。如果说不公平，那么同一个绩效考核方案对相同的考核对象也是相对公平的，为什么别人能得优秀，你却不能，说白了还是态度与能力的问题。当然，也可以找借口说运气不佳！但是，别人不是永远都会有好运的！而且，考核的结果不仅仅只包含员工的业绩，肯定是德勤能绩全覆盖，根据这个名次排排号，也是理所当然。

按照惯例，职场加薪与升职的机会本来就不多，谁都在争，给谁都会让别人恨。现在有了绩效考核的结果，一切用事实说话，一切靠本事说话。至于要不要升职，怎么加薪，或是加多少，这个就要结合公司的薪酬方案或是年度的预算来考虑了。我们在制订或是推行绩效考核方案的时候，一定要把丑话说在前面，考核的结果用来做什么让员工心里有数，不要闹乌龙。否则员工会抱怨说早知道绩效的结果是这样，自己就如何如何！

## 2.绩效改善的依据。

我们说绩效的目的之一就是实现公司、部门、个人三方改善，让三者有效统一，通过绩效结果来反省，这个绩效考核方案有没有达到预期的目的，有没有实现公司与部门的管理目标，有没有完成个人的考核目标。如果有，说明这个绩效考核的方案是合理的；如果没有，就需考虑问题出在哪里？哪个环节出错了？如何去改善？

好的绩效考核方案一定是先达成企业战略目标，后面才是完成部门与个人的指标，并不是说只要完成部门与个人的目标就一定能完成公司的目标！没有达成企业的管理目标，只是完成部门与个人的目标，这个绩效就是失败的！

通过绩效结果，我们就可以来动态地分析整个绩效实施过程中的点与面是不是一致，有没有可能是企业战略设定过高，超出了部门与员工个人的能力所及？有没有可能是企业战略目标设定过低，让部门与员工轻易地完成绩效考核？前者，会挫伤员工对绩效实施的积极性，因为他们会发现，无论如何努力，都是徒劳的！后者会让员工轻易完成绩效的目标，既会加大公司成本的支出，同时也容易失去绩效对员工的激励作用！

## 3.员工开发的依据。

绩效管理的另一个目的就是持续地对员工进行开发，进一步地提升员工的职业发展能力。如果没有绩效考核的结果，我们对员工的了解与认识未必会全面，就算对员工有一定的了解，也没有客观的数据来支撑！

所以，通过绩效考核的结果，我们可以掌握不同纬度的考核指标，全面了解员工在每一个点上的所作所为。而且绩效是个动态的过程，在一个考核周期内，可以观察不同时间段内员工每个点上的成绩或是考核结果变化，这样就可以结合员工的表现，对员工过去的工作有个客观的评价。同时，可以根据一个考核周期内员工工作上的不足，制定有针对性的改善措施；或是结合员工的职业生涯规划以及公司未来发展的人才需求计划，提前对员工进行定点培训与开发，帮助员工成长。

### 4.人才甄选的依据。

我们说，对员工进行绩效考核，在一个考核周期内，员工的综合表现是不是公司与部门所需要的，可以通过绩效考核的结果得出结论。当 HR 与用人部门都知道企业最需要的是什么类型的人才时，无疑为下一步的人才招聘提供了重要的参考。

如果没有绩效考核，HR 与用人部门的互动就不会那么频繁与密切，有了绩效考核的结果，HR 可以进一步加深对用人部门的了解，对 HR 熟悉业务起到一定的正面作用。

同时，通过绩效考核结果的运用，HR 可以根据考核的结果来调整与完善各岗位说明书，进一步增加岗位说明书的指导价值。

### 5.企业文化的引导。

我们都知道，考核方案离不开公司文化的影响，甚至在一定程度上有老板思想的影子，或是说在老板思想的指导下采用的一种定制式考核。那么问题来了，老板重视什么事？老板强调什么事？老板提倡什么行为？老板对考核结果的态度？这些都影响着绩效结果下一步的运用，会贯穿整个考核的过程。所以说，考核结果的运用也反作用于企业文化，与企业文化互相呼应！

当然，考核方案本身也是企业文化中的一个部分。考核结果的正面作用也会进一步增加企业员工的自信心，或是刺激同行，让员工觉得公司是最棒哒！

我们说，考核结果的运用远不止只有这几种，应该说是贯穿着整个人力资源管理的各个阶段，就看你如何去，找到其中的平衡点。

考核本身作为一种工具，也是提升 HR 部门作用的一把好钥匙。不要说 HR 没有地位，也不要说 HR 永远只是执行部门，考核结果运用过程中，HR 既可以扮演执行者，也可以扮演参谋者或是规划者。只要有事做，还愁没有机会出成绩吗？俗话说，人要事上练！

## 06

### 第六节

## 绩效面谈怎么做

绩效面谈在绩效管理中是个非常重要的环节，可以说，绩效面谈环节是否做到位，直接影响绩效后期的推进。所谓绩效面谈，是指上下级之间就某个阶段员工绩效问题的沟通与反馈，既了解下级员工对绩效实施的想法，又能向下级员工表明上级领导的期望，从而将双方关注的焦点放在需要重点改善的地方，共同制定后续改善计划，以达到绩效改进的目的。

既然绩效面谈重要，那就得弄明白绩效面谈的目的。绩效面谈是个劳心的过程，那是医生治病的节奏，既会把脉，又能开药，那才是妙手回春的仁医。所以，我们要明白绩效面谈的目的，弄清绩效面谈的原则，注意绩效面谈的方法。

**1. 绩效面谈的目的。**

（1）检讨过去。不管什么时候，绩效面谈必然是以过去某个阶段为节点，总结过去在工作中存的问题，就是以事实为依据，以数据为核心。这是证据意识，也是有的放矢，毕竟员工需要知道自己在哪里有不足，过去的哪些行为得到认可，哪些行为与领导的期望相悖。检讨过去也是把陈芝麻烂谷子的事拉出来晒晒。

（2）探讨现在。知道过去，找出不足，就要分析存在的问题，根源在哪里？需要采取什么措施？客观原因在哪里？主观原因是什么？哪些地方能改进？哪些地方有困难？需要上级给予哪些支持？总之一句话，不能既让马儿跑得快，又让马儿不吃草！

（3）展望未来。肯定过去好的行为，强调改进后带来的正面作用，鼓励员工谈谈对未来工作的设想。同时，与员工交流并确定一个可以达到的目标。当然，这个目标不能是水中月，更不能是镜中花，一切要以可实现为前提。

**2. 绩效面谈的原则。**

（1）具体原则。既然是绩效面谈，那就是摆事实，讲道理，拿出干货来，当面锣，对面鼓，一切都是真实的、可以查询的。要指出员工具体的问题点，不怕员工刨根问底，也不担心自己理屈词穷。一句话，你有张良计，我有过墙梯。在事实面前，纵使强龙也得把头低。绝不模糊，不搞莫须有，必须是一清二白，让人心服口服。

（2）互动原则。既然是绩效面谈，那就是二人转的事，不搞一言堂。一般来说，面谈不是上级自说自话，也不是下级沉默是金，要有互动。互动就是拉家常式的聊天，互相亮剑，把话摆在台面上讲。谁是谁非，直面问题的核心，把各自对问题的理解与想法亮出来。所谓真理越理越清，要求同存异，这个时候以鼓励为主。既是伙伴，也是朋友，没有所谓的领导，直到双方就所有的问题达成共识为止！

（3）就事论事原则。绩效面谈必须是就事论事，以事为主，不要对员工做人身攻击。还有就是一码归一码，不要把这事牵扯到别的事，不然会乱，抓不住重点。这年头，脸是别人给的，更是自己挣的。领导如果越位了，员工也会回以错位的，这样就会不欢而散。谈事的时候，方法远比结果重要，要告诉员工一个正确的思路，一套标准的流程，而不是指责员工个人的思想。当然，员工的一些过激想法，还是要引导，毕竟堵不如疏。

（4）分析原因原则。绩效面谈，就是要抓住几个为什么，为什么存在问题？原因是什么？为什么做不到？解决问题的方法是什么？所谓事物反常必有妖，有因才有果，找不准原因就是盲人摸象。怎么去找原因？这个可以用鱼骨图、决策树等工具，需要把焦点放在主观与客观，内部与外部，局部与整体，这就是矛盾论，当然原因的寻找也不能无中生有。

（5）信任原则。绩效面谈，那是上下级之间的沟通，一定要相信双方有改进的意愿。一个存着挖坑让你跳的心思，一个抱着要死你先上的想法，互相都留一手，这个怎么能达到目的？所以，双方的沟通要开诚布公，打消对方顾虑；换位思考，多为对方想一想，寻找共同点；要有合则两利、崩者双输的觉悟，要有战场上背靠背的信任，这样才能把事做好。

**3.绩效面谈的方法。**

我们知道绩效面谈的目的和原则后，如何落地？那有要方法，毕竟火车不是推的，要有让人心服口服的办法才行。接下来看看绩效面谈的相关方法。

（1）选择合适的地点。绩效面谈，地点真的很重要。因为需要面对面的交流，环境一定要合适，既不能在公共场合，又不能有其他人在场。最好是选安静的会议室，关起门来，慢慢地聊，敞开心扉地沟通与交流。即使有什么不恰当的行为，也不会让别人知道，保密嘛，这样易让人放松，没有思想压力。

（2）营造一种友好的氛围。谈话是需要有气氛的，感觉来了，那时真情流露，水到渠成的事。当然，红酒与音乐就不需要了，不过泡杯茶还是必要的。面谈前可以忆苦思甜，也可以感叹人生苦短，总之就是要把话题往那里引导，让员工在不知不觉中就上道！

（3）轻松风趣的语言。谁都排斥被谈话，而且也会认为被谈话是一件不光彩的事。一面是秋风扫落叶，一面是春天般的温暖，想必还是后者让人舒服吧，毕竟会说让人笑，不会说让人跳。所以，面谈时不要大话、套话、空话，出口就是高大上，完全可以接地气、实用、温暖，只要达到目的，嬉笑怒骂又如何！

（4）攻心为上。有句话说得好，请将不如激将。有时候，就得抓住员工最关注的点，揪住这个点，与其刨根问底，不如逼上梁山！攻心就是：手拿一副好牌，不如知道对手底牌。一摆事实，让你死得明白！二消疑虑，就是表明态度，我是来帮你的，毕竟一人计短，二人计长。三给诱惑，就是功名就在前方，努力才有希望。四点把火，就是语言刺激。这年头，女人的脸蛋不是粉堆的，男人的口袋不是纸糊的，只要不是烂泥扶不上墙，泥人也要让他冒出三分火气！

（5）鼓励为主，不走极端。面谈是相互的，也符合力的作用与反作用原理，如果上来就拍桌子说：你脑子进水了？相信员工也会跳起来，这样就谈崩了。如果换个方式来说："你表现得不错，虽然离目标还有距离，但是我看到你的潜力，只要你稍微调整下，这个目标对你来说压根就不是挑战。"相信这样一说，是美女会心花怒放，是帅哥会心中荡漾！

（6）用积极的心态来引导。我们说积极的心态像太阳，照到哪里哪里亮，消极的心态像月亮，初一十五不一样。所以，绩效面谈过程与结束，一定要有积极向上的一面。肯定员工，忘记过去，不与他人比较，只提现在，只看未来。我们说一句"看好你"，远比"你太令我失望了"让人兴奋和看到希望。什么是正能量？就是当员工问出"红旗还能飘多久"，你回答："星星之火，可以燎原。"

绩效面谈虽然很重要，但仅仅是个工具，不同的人使用，会得出不同的效果。就像绝世宝剑，在大侠手里那就是神兵利器，一剑在手，虽千万人，吾亦杀之；但是凡夫手中只能是破铜烂铁，纵是风华绝代，扬名不成，反有杀身之祸。

## 07
### 第七节

## 如何帮助员工制定绩效改进计划

帮助员工制订出一份切实可行的绩效改进计划，被认为是绩效面谈成功的重要标志。具体怎么来制订这个计划，计划又包含哪些内容呢？

我们说要想制订绩效改进计划，那么一定要知道绩效考核的结果。只有知道员工失误在哪里，才能有计划地给员工把脉，然后才能与员工一起，制订相关的绩效改进计划。

其实，帮助员工制订绩效改进计划也不是容易的，也是需要花时间的，需要注意几个环节：

### 1. 研究员工的绩效考核表。

子曰："工欲善其事，必先利其器。"我们要为员工制订绩效改进计划，那必须得先去了解员工的绩效考核表。研究员工在哪些方面表现不错，在哪些方面表现不足。表现的是定性的指标，还是定量的指标？无论是定性的指标还是定量的指标，都是需要去核对的，只有这样才能做到成竹在胸。我们说不打无把握之仗，必须要知根知底。

### 2. 与用人部门主管沟通。

在研究员工的绩效考核表后，特别是对于有些用人部门主管可以凭主观意见评分的，一定要多加关注。要与用人部门主管沟通，仔细了解用人部门主管这么评分的原因。有没有依据？如果有依据可否提供一下？同时，也要询问用人部门主管对员工的态度，是治病救人，还是严惩不怠？总归要有个说法！同时，也有必要知道用人部门主管对员工下一步的工作想法与计划。这样才能就某些问题达成共识，或是提前给出一些建议，避免不必要的误会发生。

### 3. 与员工沟通。

员工才是苦主，不管是什么决定，都不能绕开员工单独行动。另外，员工是绩效考核方案的当事人，只有当事人自己才会明白，自己的一些行为或是认识可能会对绩效考核的结果产生影响。

所以，我们有必要询问员工对绩效方案的看法。知不知道完不成绩效考核指标可能的后果？员工对绩效考核的指标有没有什么异议？员工在绩效考核的周期内，有没有得到什么有助于完成任务的帮助？是不需要帮助？还是需要帮助时没人提供支援？有些问题，一定要让员工自己说出来。这样经过修订与完善，才能达到拿他的枪毙他的马的目的！员工绩效的问题，一定是分为主观与客观原因。我们需要知道是员工主观上不作为，不努力，还是客观上的完不成，达不到？这个区别大了去了。前者是员工的问题，后者就是制订绩效考核方案的人的问题。当然，对于员工提出的问题，能改的在条件允许下可以改，不能改的暂时先放一边，等条件具备再说。

**4. 分析绩效方案的合理性。**

HR 作为制订考核方案的主导或是推手，对于这件事的前因后果一定比员工知道得更为清楚或是详细。HR 需要站出来为员工解释这份考核方案设计的原因与依据，同时强调在没有修改之前，这份考核方案就是有效的。对于员工层来说，只能服从与执行，想办法去提升自己，让自己的能力可以达到绩效方案中的标准。

当然，对于员工提出的一些合理的建议，也要认真地收集。在绩效方案改进时一并考虑，当然在本周期没结束前，是不能冒然完善绩效方案的。不合理的意见，也不要太苛责员工，毕竟也要保护员工的参与性与积极性。

**1. 确认绩效改善计划书。**

我们说与员工沟通好绩效改进的一些建议后，也不是说就扔下不管，让用人部门主管去操心了。正确的姿势是，针对员工绩效中表现不足的点，一个一个地来过，列出一个改善进度表。列出需要改善什么项目，需要多少时间，什么时候可以检验成果，需要什么支持，找谁支持，支持到什么程度，如果完不成怎么办等等事项，然后让员工签字！HR也要签字，这就是共同见证一件事，白字黑纸的东西才是证据。

### 2. 跟踪、反馈与执行。

我们说，绩效改进计划完成后只是完成了一项关键的任务而已，剩下的事怎么办？监督与跟踪！再好的计划，如果不执行就是废纸一张！所以，HR需要时不时地与用人部门主管沟通，了解一下员工的状态如何。同时也需要与员工沟通，让员工意识到他的一举一动一直有人在关注，这样既是压力也是鼓励。如果发现员工的一些行为与原来设定的预期有误差，可以及时地提醒与引导！这样把监督、检查、反馈三位一体，形成一个良形的循环。

只有每个个体在绩效中得到突破，那么才有可能让一个整体也得到突破！所谓帮人就是帮己，不是别人落水了，我们就站在岸上看热闹！要知道，别人下水了，其实也不在意再多拉一个垫背！

为员工提供绩效改进计划是一个长期的过程，不能虎头蛇尾，也不能三分钟热度我们说，好的制度坏的执行实际结果等于零，而坏的制度好的执行却能得到意想不到的效果。

# 如何让年终考核不流于形式

王小姐是 A 公司负责绩效的 HR。目前公司的年终绩效考核都是由员工本人、上司、下属、同事之间对其"德、能、勤、绩"进行一番评价打分，根据一定的比例算出其最终绩效分数，来确定员工的年终奖系数。年年如此，没有新意，普遍的打分也越来越高，年终绩效考核越来越流于形式。为此，老板要求今年进行改革，但王小姐不知如何下手。

考核是 HR 几大模块中最难的事，也是最头痛的事，传说中的吃力不讨好，尽做得罪人的事。一般来说，考核都是前紧后松，而职能部门打分评优也大多是皇帝轮流坐，明年到我家。或者是打土豪、分田地，人人都有份、平均主义，到最后，考核就成了和尚念错经、佛祖不舒心！从本案例来说，可以从以下角度来考虑：

## 1. 商鞅变法定乾坤。

战国时期，秦国孝公即位，决心变革图强，下令招贤。魏人商鞅入秦，提出废井田、重农桑、奖军功、统一度量衡和实行郡县制等一整套制度，让秦国成为战国时期最为强大的诸候国，为嬴政统一六国打下了坚实的基础。

（1）重农桑：设定考核指标警戒线。为鼓励小农经济，还规定凡一户有两个儿子，到一定年龄必须分家，独立谋生，否则要出双倍赋税。禁止父子兄弟（成年者）同室居住，推行小家庭政策。

做考核方案时，针对各部门情况设立考核警戒线，踩线的考核项目强制归零。比如说：重大安全事故（以损失金额为限）、生产报废率、工伤事故（以数量、金额为限）、质量事故（批次退货、客户停线等）、重大劳资纠纷（罢工等）、盘点差错率、物流费用控制率（比如发生空运）等。这样指标明确，界线分明，人人心中都有敬畏，考核时自然就实事求是，不能胡来。只要踩线就得承受项目为零的风险，考核人谁敢开绿灯？

（2）奖军功：考核要强制分配。实行二十等爵制，根据军功的大小授予爵位，官吏从有军功爵的人中选用。二十级爵：一级曰公士，二级曰上造，第十九级曰关内侯，二十级曰彻侯。将卒在战争中斩敌人首级一个，授爵一级，可为五十石之官；斩敌首二个，授爵二级，可为百石之官。各级爵位均规定有占田宅、奴婢的数量标准和衣服等次。

考核方案中，根据考核人得分情况，要强制划分等级，比如优秀10%、良好30%、一般50%、差10%，保持中间大、两头小的格局。同时，晋升、调薪从考核优秀、良好中选择，降级、降薪从一般中考虑，末位淘汰优先从差中确定。同时对于优秀、差的评估必须提供相关证据。

（3）实行连坐法：强化监督。一家有罪，九家必须连举告发，若不告发，则十家同罪连坐。不告奸者腰斩，告发"奸人"的与斩敌同赏，匿奸者与降敌同罚。

制订考核制度时，为了防止考核人你好我好大家好的想法，成立考核小组监督考核，受理投诉，及时跟踪考核动态。对于某些不实的评估，或警戒性指标发生没考核、漏考核等情况，一经发现，被考核人与相关人员的考核指标强制归零，考核人也负连带责任。

**2. 田忌赛马三策论输赢。**

有一天，齐王要田忌和他赛马，规定每个人从自己的上、中、下三等马中各选一匹来赛，约定每有一匹马取胜可获千两黄金，每有一匹马落后要付千两黄金。

赛马之前，田忌的谋士孙膑让田忌用自己的下等马去与齐王的上等马比，用自己的上等马与齐王的中等马比，用自己的中等马与齐王的下等马比。田忌的下等马当然会输，但是上等马和中等马都赢了。因而田忌不仅没有输掉三千两黄金，还赢了一千两黄金。

考核方案中，必须要设定关键指标（KPI），定性指标容易让领导或同事凭印象打分，主观因素太多，有时还会出现不靠谱的情况。要根据各部门实际情况，设立 KPI 指标，根据指标的重要性，设定权重。当然，也可以按70~120间段区分，可以设定考核上限（比如说封顶150分）。一般情况下，总有某一项或两项达不到基本值，从而总体上控制了打高分情况。有时，也会出现几个部门指标完成超出预期，那么不仅公司设定的目标达到，部门也会得到奖励。如果部门指标完不成，那该部门的绩效工资将下调。不管怎么玩，总是有输有赢，就看谁赢的机会多，既靠运气，也靠实力，更多的还是靠智慧！

**3. 包公执法传美名。**

要问宋朝最厉害的大法官是谁？绝对是包拯，没有之一。违法乱纪者只要碰到包公手里，一个不能饶。斗太师、铡附马、办王爷、惩贪官等！宋朝不是没有律法，关键是很多人怕得罪人、不执行、得过且过，大家和光同尘，一团和气。而包公刚正不阿、忠诚无私、敢于执行、不怕得罪人，再加上遇到好老板，所以包公成为历史名臣。

考核不仅考验执行部门，同时也考验高管、老板层。从严考核毕竟是得罪人的事，主管层是否能坚持执行，高管层是否能给予坚定的支持，这都会影响考核的结果与制度的延续！

考核需要摆事实，讲证据，经得起推敲，不管对谁进行考核，都要做到铁证如山，下结论不能莫须有。宋仁宗成就了包龙图，又何尝不是包龙图成就了宋仁宗，君臣合作留美名！反之、海瑞的老板万历帝不务正业，总经理张居正对海瑞很不感冒，让海瑞闲了16年。同样的刚正不阿，包公得到重用，施展才能展抱负；海瑞闲居乡里，落魄凤凰不如鸡。更郁闷的是王安石变法，虽说没选对人，执行不力，但最终变法失败与老板宋神宗是软耳根也是分不开的，不能给予强力支持！

制度是保障、执行是关键，老板支持是核心。不是人人都有机会给老板当枪使，既然做刀就要做刀的觉悟。当HR执法过激时，老板可以调整方向，赢得人心；当HR铁面无私时，老板可以顺水推舟实现考核目的。不管怎么说，老板做好人，HR背黑锅，玩游戏就得守规距！

对于老板来说，希望通过考核看到员工的价值，对于员工来说，希望通过考核保住既得利益，出发点不同，对待考核的态度自然不同。老板把考核当减法，员工把考核当加法。那么作为HR，老板的意图就是执行的方向灯，执行老板的命令不能太狠，争取员工利益不能太过！关键是把握一个度，该下狠手时不能太软，该和光同尘时不能狠。让自己做风筝，把线始终放在老板手里，根据老板的节奏调整自己的高度与方向。

第六章

PART 6

员工关系

# 01
## 第一节

# 不懂法的 HR 不是好 HR

这几天在群里与几位朋友聊天，听到同行在说公司裁员的事。有的同行说，这事好办，之前他们公司遇到这样的事时，都是严格按照《劳动法》相关标准走程序，该赔多少就赔多少，有的甚至还超出《劳动合同法》的标准。听到这样消息，我只想说，大哥，大姐，请问你们是在哪个庙里烧的香呢？我也想去上柱香，祈祷天上各位神仙也让我遇到这样的老板。

也有同行是与我一样，都是一棵藤上结的苦瓜，就是不走程序，不赔钱，或是少赔钱。其实这样的事，以前经常遇到，折腾一段时间后公司就占便宜了。

那么对于我们 HR 来说，要不要懂法呢？这个必须要，都说一个优秀的 HR 相当于半个《劳动法》专家，虽说不能当律师用，但是解决一般的劳资纠纷问题是绰绰有余了。有些问题让律师来解决，真是杀鸡用牛刀呢，白白让企业多花银子呀。

为什么说 HR 要懂法呢？首先，我们在日常会对员工说，按照公司制度，公司要怎么样怎么样！但是《劳动合同法》意义上的公司制度是不是合法，有三种理解：一是公司的制度是不是符合法律精神，二是公司的制度有没有走民主程序（工会或是职代会审核通过），三是公司的制度有没有公示。只有这三个基本点都具备了，公司制度才具有合法性，也就是说公司的制度是有效力的。如果这三个点都不具备，或是缺斤少两的，那么对不起了，公司的制度在法律上是不被认可的，拿不被认可的公司制度来约束员工的相关行为，或是作为处理员工"违纪"的依据就麻烦了。

对于是否符合法律精神，除了基本的法律条文外，还要考虑制度内容的合理与合情。比如说，你在生产烟花爆竹或是造纸厂车间内抽烟，公司制度里规定这种行为属于严重违纪，一经发现可以辞退。这个具有合理性，毕竟这种行为具有潜在的危险性，且容易造成严重的损失。但是，换个其他非易燃易爆的工厂或是企业，这种行为被定义成严重违纪，在客观上就不存在合理性了。

所以，这要求 HR 除了需要了解或是熟悉基本的法律法规外，还需要读懂这些条款的潜在意思。只有熟悉这些条款，我们在制订各种制度时，才不会整出笑话。否则，当 HR 说公司制度规定如何如何时，员工说，你说的那玩意本身就是违法的，这就打脸了。

很多时候，在公司管理体系中，或是日常管理活动中，其他管理者可能对于《劳动法》的条款不清楚，毕竟术业有专攻，他们的专长不在这里。所以他们在处理一些问题时，会根据他们的心情，想当然地拍脑袋做出决定，他们认为是对的，实际上是不合法的。

作为 HR，你该怎么办？你总不能说，领导说的都是对的，公司就是这么规定的。

这个时候，就要体现 HR 的价值，HR 要拿出专业意见，当然这个专业意见应该是以法律为准绳的相关建议。比如说，你可以对用人部门主管说，按照法律标准，你这样的行为是不合法的，会造成严重的后果。当用人部门反问，那该怎么办？此时，HR可以提出相对正确或是能够把损失降到最小的方案。

有伙伴说，自己的领导他不听我们的，怎么办？我想说，就是因为领导不明白，我们才要提出正确的建议给他们做参考。领导是什么样的？做得对，是他们目光如矩，领导有方。做得不对，他们会说，那谁，你们是干什么吃的，我请你们来不是吃我家大米的。你们是这方面的专家，你们的意见在哪里呢？为什么没有及时提醒及时制止呢？这样是不是觉得很委屈？

所以，提正确意见不听，那是领导的事。不提意见，导致领导做出错误的决策或是你没能制止领导犯错误，就是你的不对了。

有的伙伴会说，我们这一带都是这样，都是不按套路出牌的。在这个大环境下，你懂法又不能守法，有什么用呢？

我只能说，第一，你要先向别人证明你的专业性，让别人知道你是个懂法的人，即使他今天不听你的，你能保证他明天就不需要你吗？难道当他需要你的时候，你还去现学？

第二，当胳膊拧不过大腿时，你可以用你的专业，尽量让公司少做点离谱的决策。如果实在不行，那就睁只眼闭只眼吧。只要发钱的人不怕事大，我们看热闹的吃瓜群众还能嫌事大吗？

第三，也是给自己脸上贴金的需要，还是那句老话，别人都说HR不重要，看不到HR的成绩在哪里，你怎么反驳呢？你可以随意举个劳资纠纷的案例出来说，这个案例如果让律师出面，他们收取的佣金会是多少？现在，不需要他们出面，我们自己把事情摆平了，这笔钱是不是省了？这算不算是HR为公司在节省成本或是创造效益呢？就像6与9一样，正看是6，反过来看就是9，错了吗？角度不同而已。

我们说虽然知法不一定守法，守法不一定就能执法，但是这些都不是我们不需要懂法的理由。我们能做的就是像那劝人行善的和尚，不能因为人家不愿行善，我们就不化缘了吧！

自古以来都说以德服人是王道，以法治人是霸道，但是，没有霸道做基础，又何来的王道呢？不以王道为追求，霸道又还有什么意义呢？

**02**

第二节

# HR 学习心理学的必要性

行业里有句流行的话是"做 HR 门槛不高，但是，想要做好 HR 却很难。"有人说，HR 是个杂家，有人说 HR 是专家。这么说要做好 HR 确实不容易，因为时而理性，时而癫狂，臣妾真的做不到！

HR 是人力资源管理，人始终是第一位的，特别是在企业管理过程中，作为 HR 必须要熟悉人性，洞察人心。那么如何才能熟悉人性呢？这就要求我们知道心理学的一些常识或是原理，在与人交往中有的放矢，直指靶心，起到事半功倍的作用。

## 1. 为什么说 HR 需要学点心理学呢？

HR 有传说中的六大模块，哪个模块都需要与人打交道，如果不能快速地摆平员工，都不好意思说自己是做 HR 的！别管是"人之初，性本善"，还是"人之初，性本恶"，没病，你就得走两步！

（1）工作需要。首先，规划需要，我们说玩规划的要先了解自己吧，自己都不了解，还怎么去忽（认）悠（清）别人呢。工具不重要，重要的是使用工具的人。我们不能没出招呢，就让别人猜到我们的套路，那就悲剧了。

其次，人员甄选需要，我们怎么帮助企业把好选人关呢？求职者敢站到你面前，就证明是有备而来，谁是猎人，谁是狐狸还说不定呢？你不能指望别人主动犯错误，所以，你要自己先靠谱。如果你知道心理学的一些原理与方法，你就可以控制节奏，或步步紧逼，或是出其不意，搞定求职者。

再次，培训需要，当我们把员工招聘到位后，培训总不能让人看看书，参观公司，或是在上面讲讲就完事吧。我们不能隔着靴子挠痒痒，要让员工嗨起来，那得知道他们在想什么，他们关注点在哪里，他们来干吗来了。这个时候就需要运用心理学的知识了。

最后，沟通技能的提升需要，我们说沟通第一要素是先稳定自己的情绪，然后才是与人交流。如果自己像是吃错药的节奏，那么谁还理你？良言一句三冬暖，恶语伤人六月寒，懂心理学的人，与人交流一定是让人舒服，让人不由自主地跟着你的套路走，沟通不仅需要话术，更需要心术。

（2）职业发展需要。目前国内的企业中，无论是规范的，还是不规范的，在日常管理中都绕不开人情两字。那么作为 HR 来说，我们如何在日常工作中甚至是具体的事务工作中取得员工的心理认同，拉近与他们的心理距离，不断地去激发他们的积极性与创造性？这就需要有策略地从人性出发，引导他们的心理预期，并规范他们的行为。这些方法或是手段，都离不开心理学知识的运用。

当我们刚入职的时候，作为 HR 从业人员，如何准确地定位自己的角色？如何在适应的同时又能服务他人？如何快速地认同企业的文化并找到自己的工作切入点？如何与上司、同事、下属、其他部门员工进行友善的沟通？这需要我们自己不断地调整对环境与组织的心理认知与预期，更需要自我心理上的认同与满足，才能顺利地活下来。

当我们在工作过程中达不到预期的状态或是成就，对组织的环境产生厌倦或是认同模糊，这个时候，就会有挫折感，负面情绪，甚至出现离心力。如果不能及时地调整自己的行为或是状态，将会影响到自己在企业中的职业发展路径，甚至是错过相关的机会。这个时候，我们如何去适应该适应的，接受应该接受的，与企业建立或是保持一个比较安全的心理契约，强化自己的角色认知，定位自己的阶段需求或是价值？我们就需要用心理学的知识帮助自己找到调节的方法。

既然心理学知识对 HR 如此重要，那么作为 HR 来说，又该如何去了解或是学习必备的心理学知识呢？我们来聊一下基本的套路。毕竟，闻道有先后，术业有专攻，我们不能去与那帮心理学科班出身的伙计飙车，我们学习心理学知识只是用来辅助的！

### 2. 如何去学习基本的心理学知识呢？

（1）找个老师。韩愈说，古之学者必有师，师者，所以传道授业解惑也。人非生而知之者，孰能无惑？惑而不从师，其为惑也，终不解矣。所以说，找个老师，不丢人！现在社会提倡碎片化学习，当然是不是适合自己，我们先不去讨论。得益于发达的网络平台，各种学习群或是 APP 的推广，我们可以去找一些靠谱的心理学老师跟着学习，能不能学有所获，就看个人天赋与努力程度了。

（2）自己学习。有人说，我不想找老师，只是自己感兴趣，而且也相信自己的自学能力，那该怎么学习呢？这个就简单了，不用卖拐，不用卖车，直接进入卖担架环节，自学成才。那么，可以找一些经典的心理学书籍看看，比如《心理学导论》（这是基本入门款的）、《组织行为学》、《精神分析入门》、《三种心理学》（弗洛伊德、斯金纳、罗杰斯的心理学理论）这本书主要是对当代心理学的三大流派：精神分析、行为、人本主义代表人物的思想进行介绍和比较分析，值得瞅瞅！当然，书看完了，不是用来装大神的，还是需要指导实践。毕竟，纸上得来终觉浅，绝知此事要躬行！奔跑吧，伙计！

（3）考证。我们都知道，HR是个善于学习的群体，谁手里要是没有几张证书都不好意思出来混，什么驾照、英语、计算机、文秘、律师、挖掘机、结婚证等等。如果你能甩出一张心理学的证书，比如心理咨询师，那就是相当高大上了。这个可以去咨询，视自己时间而定。既有老师、又有证书，这个真的可以有。当然，如果你不需要证书，只是去学习或是见识世面，那就另当别论了。如果以证书为主，学习为辅，那就需要努力，再努力！

（4）选修。如果你银行存款的数字比较好看，可以去大学里整个心理学专业，慢慢地学，慢工才能出细活，深入地，系统地学习，也许下一个大咖就是你！那个时候，IIR已经不是你的江湖，你的心就是你的天下。

凡是有人的地方，就有江湖；凡是有人的地方，就会存在意识的碰撞、行为的揣摩。能不能占得先机，仅靠HR自身的专业是不够的！如果有了心理学知识的加持，哪怕退一步讲，洞悉对手，关键时候能全身而退，那也说明心理学没有白学！HR这个活，逃不过人心与人性这五个字，掌握心理学有助于更好地去理解与揣摩别人的行为与想法，让自己少走弯路，这就值了！

# 新任主管，搞不定下属怎么办

前段时间，在一次培训过程中，问过现场伙伴们一个问题，如果现在让你当人力资源经理，你就能把这个部门挑起来吗？可能有人会说，没问题，有人或许在心里给自己打问号！当然，不想当老大的小二不是好跑腿的！我们总是希望成长，总希望职务能水涨船高。一般来说，职务的晋升，基本上两条路，一是内部晋升，二是跳槽升职。不管哪一种，都是属于抢了别人的位置。你意气风发，别人魂断神伤，这个时候，不愉快的事就少不了。

这个时候，有的伙伴说，自己跳槽后当了人资主管，但是下属不配合，与自己怎么也处不好，而且莫名其妙情绪化。自己也想过拉拢，但是人家不领情，伤脑筋呀！其实，也想过硬来，可是人家与人力资源部经理关系不错，就不敢冒然下手了，只能忍了。

还有的伙伴也吐槽这种情况，也是刚上任的主管，几个女下属也是阳奉阴违，有时候集体出妖蛾子，自己被弄得心力憔悴。最糟糕的是几个下属是一个地方的人，也是一起入职至今。虽然领导也意识到这帮下属可能存在问题，但也只是暗示这位主管，让她自己心里有数。这位伙伴有点迷茫，畏手畏脚，受制于人。

面对这些问题怎么办？就是下属不配合你的工作，你是强攻？还是软磨？是中立？还是甩手不管？还是自己闪？我想，面对这样的问题，不同的人会有不同的处理方法，毕竟每个人的性格、职业素养、工作经验、做事方法、做人艺术等都不同。还是那句老话，顺者昌，逆者亡。

自古以来，以下犯上者，没有几个有好下场的，而且大家默认的规则也是下级必须服从上级，除非下级有异心，那另当别论！在解决这个问题之前，先来分析一下，为什么下级不服从上级呢？

**1. 抢了自己的位置。**

在职场混，没有谁说不想进步的，谁都希望有了好位置，自己是第一人选！正常来说，说自己渣的，在别人眼里可能就是真的渣，说自己优秀的，可能也是渣。让别人准确认同你，要么你是渣到没朋友，要么你是牛到让人仰望，两者之间的，就只能让别人随意涂鸦了！所以，当下属的都自我感觉良好，认为自己才是最合适的上位人选！结果，别人上位了，这个时候不服才正常，服了就是真见鬼了！

**2. 认为上司不行。**

新来的主管，凭什么就让下属服你呢？这个不是小说里写的那样，虎躯一震，王霸之气外溢，别人就直接给跪了！想当我上司，不是不可以，拿出实力来征服我好了！让我开开眼，长长见识，要是你不能证明你厉害，对不起，就算你是主管，也别管我！我只服强者！如果上司能够展示出一定的实力或是水平，解决几个难题，我就服你。或是自己就故意不配合，看你能拿我怎么办，你要是把我收拾妥妥的，形势比人强，我就低头认输！这个真没办法，人嘛，心里都住着一个小贱人！

**3. 争取有利的筹码。**

职场里也有一句话，叫欺生！你是新来的主管，你不熟悉公司情况。我是下属，我配合你，你的境况会好很多，我不配合你，你就等于两眼一抹黑。这个时候，下属的价值就非常重要了！下属在暗中观察上司，甚至做出一些行为来试探上司的为人，这既是刷存在感，也是暗示上司，我不是不配合，就看你能开出什么条件与筹码！作为上司，你刚来，立足未稳，也不可能对下属下杀招，人言可畏！

### 4. 背靠大树好乘凉。

还有一种情况，下属不服从上司，这样的下属往往有靠山，人家不需要看你脸色！当然你也动不了别人，这样的下属，会做人的可能不与你这个新来的上司为难，毕竟你好我好大家好。不想当好人的，人家没必要服从你，反正人家只是混的，也不指望你能给别人什么好处！

当知道下属不服从上司的原因后，就可以来各个击破。对于这类的下属，真是叔可忍，婶子不能忍了。老虎不发威，真被人当成病猫了！这是病，得治！怎么来收拾不听话的下属呢？分两种情况来考虑：

### 1. 领导支持。

对于新上任的主管来说，如果自己的入职能够得到领导的支持，对于不开眼的下属，解决起来那就得心应手了。当然，一般来说，如果新上任的主管是公司领导面试通过与决定录用的，至少在蜜月期还是会得到领导的支持的。也不是说有了领导支持就无法无天。我们也有上中下三策：

（1）上策：直接换人。有了领导支持，有时候直接开条件好了，我们说要做事，总要有一路人来干事业吧！一个好汉总要有三个帮才行！既然下属不长眼，也没有必要再去磨合，或是让步什么的，直接猛龙过江，不服的就地干掉！补充新人进来，自己培养。这样既是帮手，也是后面的嫡系，还可以增加自己这边的力量。有了帮手，就算再有下属与自己对着干，也不会太紧张！再说了，领导的支持多数也是虎头蛇尾的，趁起步，有好牌，能打的就先打两张再说。

（2）中策：合作拉拢。有时候，换人是简单粗暴，但是，有没有不需要换人就能解决问题的呢？毕竟刚来就换人，确实容易给人口实，让人说闲话。人家都习惯了原来的小伙伴，你来了就把别人给换了，人家会怀疑你的能力与容人之量！所以，放下自己的身架，先示好别人，约会、聊天、聚餐、一起嗨都可以。就是稳住对方，哪怕不合作也可以，只要不挑事、不闹事就行。就是让对方看到自己的诚意，没有搞不定的对手，只有找不到对方需求的上司。

（3）下策：置之不理。有时候，领导支持也不是万能的，毕竟有些人就是个刺头，连领导也不想动对方。领导碍于某种情面不好出头，也不想当坏人。这个时候，你就不能拉领导下水，既然这样，不如放在一边，当别人是空气，最多就是自己多做点事而已，反正累点也累不死人。过段时间，等下属发现新来的上司压根就没眼看他，他就会觉得没意思了。就像打架一样，两人对着打才过瘾，如果一方不还手，另一方就会觉得索然无味了。

## 2. 领导不支持。

有时候，并不是每个新入职的主管都能得到领导全力支持的，领导那么忙，谁有心思去帮你料理一堆破事呀？招你进来就是为了解决问题的，总不能让领导天天跟着你吧，那样让别人情何以堪呢？我们说，在没有特别重大的事需要领导出面的前提下，能不找领导就不要找领导好了。而且对于部门内部事务，领导也没有明确表示让你大刀阔斧地改革时，还是悠着点吧！如果你发现对人员去留问题，领导持保守态度，那对不服从的下属怎么处理呢？也有上中下三策：

（1）上策：拉拢示好。忍字头上一把刀，大丈夫能屈能伸，对某些下属不配合、不服从的，没有必胜的把握之前，就不要轻易地出招。胜了，人家说以大欺小，败了，脸丢到下水道里去了。所以，不管对方什么态度，自己得主动示好，甚至是公开地替他们说话，对外营造自己礼贤下士的形象。这既是先礼后兵，也是争取舆论的支持。自己低声下气不丢人，相反，只会把下属架在火上烤。只要下属坚持不配合，坚持作，那么自己得到的同情就越多，等自己痛下杀手的时候，没有人会说自己不好。

（2）中策：冷眼旁观。有人说，好歹自己也是主管，凭什么要放任不听话的下属？只能说，你现在是舅舅不疼姥姥不爱的角色，你自己都没有把握让领导支持你把下属收拾了，你要是瞎折腾，等于给领导出难题。既然惹不起，暂时就避其锋芒，也不需要击其惰归，就是冷处理。我的眼小，就是看不到你，你爱咋咋滴吧！甚至我还可以调整你的分工，让你少做点事，对你的任何要求，表面上答应，实际上按兵不动。不支持，不反对，不处理，不表扬，不批评，就当你是空气，是透明人，让他自生自灭。剩下的时间自己多做点事，做自己应该做的事，站稳才是王道。

（3）下策：收拾换人。所谓忍无可忍勿须再忍，这年头，在职场混到主管以上位置的人，有几个是省油的灯？谁的手上没有沾过几个刀下亡魂呢？如果仅以下属不听话、不配合工作就要求换人，领导可能会觉得你小题大作，他们会觉得你太过于计较，这样反而对你自己不利。所以，为了不让领导为难，也为了给自己找个体面的借口，更让别人死得其所，你就要引蛇进洞，诱敌深入，给别人提供犯错误的机会。想想林冲误入白虎堂，思考亚当与夏娃是怎么吃苹果的，玉皇大帝为什么让孙悟空去守蟠桃园呢？这就是有条件要上，没条件创造条件也要上的做法。只要人赃俱获，事实俱在，换个人嘛，小意思！

所谓骄兵必败，狂人必亡。作为主管来说，要给自己设个底线，只要不过线，礼让就过去了；如果过线了，对不起，你怎么来的，我就让你怎么回！

作为下属，你怎么作都无所谓，反正最终受伤害的一定是你，没有哪个领导愿意使用一个眼里没有领导的人！有时候，我让你，不是说明我怕你，只是我不想让别人觉得我没有胸怀。有时候，我不让你，不是说明我恨你，只是我不想让别人觉得我没有魄力。

## 04

### 第四节

## HR 如何管理关系户

有人问，什么样的员工不好管理？答案五花八门，有人说不差钱的员工，有人说刺头的员工，有人说皇亲国戚，有人说功勋元老，还有人说素质不高的员工等等。实际上，没有不好管的员工，只有不想管的员工。当然，从现实情况来说，其实关系户最好不管理。其他员工毕竟还在公司里混，公司可以用制度来约束。但是关系户这类群体，有时候制度拿他们没有办法，甚至他们的一些行为本身就会破坏制度。

这样的事有很多，每家企业都会存在。关系户（广义的，包括皇亲国戚在内等）的存在，人为地制造了一种不似禁区的禁区，涉及这些人或是事的时候，前怕狼后怕虎，放不开手去做，内心深处有一种忌惮心理。

那么问题来了，关系户的存在，在相当一部分企业里都是客观存在的现象，作为 HR 来说，又如何去处理呢？有三种方式可以考虑：

### 1.上策：寻找时机，扭转乾坤。

子曰："外举不避仇，内举不避子。"这是有历史典故的，讲述晋平公时期祁黄羊大公无私举荐人才的故事。对于企业来说，不管是出于对人才的尊重也罢，还是出于私心的需要，安排一些关系户进入公司，肯定是有某些原因的。咱们作为 HR 来说，毕竟不是老板，没必要去得罪人，凭什么就说别人不如你呢？凭什么就说别人没有能力呢？有些事的形成是由于历史原因，或是在某个阶段公司决策的，也不是哪一个人能力的问题。所以，不要轻易否定一个人的做事方式。

对于有些反映很大的问题，我们在没有了解事情前因后果之前，或是没有把握做好某件事之时，不要去轻易地大包大揽让别人去解决问题。也许时机不到，也许条件不足，也许是领导思维有局限性。这个时候，我们要等一等，看一看，去寻找有利的时机，可以借助外力，也可以用公司内部某件事作为导火索来引爆。HR 可以提供相关的建议，或是主动帮助关系户去解决问题，做他们的帮手，让他们自己认识到改善的必要性。这样才能既解决问题，又示好于关系户，为以后的配合打下基础。

记住了，并不是所有的关系户都是废材，也不是所有的关系户都想混日子，更不是所有的关系户都不努力，他们只是缺少一个时机，缺少一条合适的鲢鱼而已。HR 要做的就是寻找或做那条鲢鱼。

## 2. 中策：以毒攻毒，互相牵制。

作为 HR，如果你自身没有背景，又不是老板身边最铁的人，还有什么心思去考虑那帮身穿黄马褂的关系户怎么作死的吗？如果有这个份心，真的都是闲人！既然关系户得罪不起，何必要去得罪呢？建议让关系户去管理关系户好了，反正大家都是关系户，互相牵制去呗。他们之间可以互相批评、约束，神仙打架都不是凡人，爱怎么整就怎么整好了。咱们 HR，连边都不沾。

关系户间撕杀，对非关系户来说，总是利好消息。当然，也不排除他们之间狼狈为奸，那只能用其他人来介入，打破局面，造成新一轮的平衡。

## 3. 下策：尊重历史，维持现状。

如果没有机会帮助关系户成长，也没有权力制造关系户间的撕杀，那么剩下的只有一条路，眼不看为净，维持现状好了。HR 也是打工的，手中的鸡毛也不能当令箭使换，就算有尚方宝剑也斩不了黄马褂，何苦给自己找事？不是不想作为，是没法作为。有些事，别人能忍，咱也能忍，世上无难事，只要肯放弃嘛！

关系户既然存在，那在某种程度上一定有其价值，只要是对方不作，就没有必要去过分地管理他们。也许在我们眼中那些关系户的问题，在老板眼里或许就不是个问题呢！对于老板来说，有些关系户在公司的作用实际上是零存整取，需要用到他们的时候，他们背后的关系自然会加倍地给公司带来利益。所以，听之任之吧！

当然，也不是说对关系户都一味地放纵，关系户的一些不良事迹，还是要定期向老板汇报的，怎么处理是他的事，哪怕不处理，至少也要让他知道。积少成多，聚沙成塔嘛！只有滴水才能穿石！

如果真的想管，也不是不可以，表面上批评或是处理都行，私下里再安慰，做给别人看，维护制度的权威嘛！

当然了，关系户其实是一把双刃剑。用得好，能让公司笑，那是捡到宝了，用不好，会让公司哭，那是老鼠屎！

对于关系户的管理，HR说了能算吗？当HR的都得了一种管理要规范的病，这个得治！很多时候，就算老板都不想去管理关系户的那些破事！毕竟谁都不想当坏人！

**05**

第五节

## 升职失败，如何调整心态

有位伙计毕业后加入了一家建筑装饰公司做培训专员，在一年多的时间里，个人成长了很多，部门的主管也已经换了两任。他的现任培训主管马上要辞职时，他认为这个空缺的岗位非自己莫属，为此感到十分振奋，工作积极性也更高昂了。

但是领导却安排了副总裁助理来主持培训工作，这个助理是他去年带过的一个实习生，情商很高，包括沟通、协调能力都很不错。

虽然公司刚刚给他加了薪，但现在的心态很难调整，原本认定在握的升职成了泡影，而且曾经自己带过的人突然成了他的上司，总觉得心里不舒服得很。

看到这个案例呢，有一种同是天涯沦落人的感觉，外人是无法体会到其中的滋味的。职场如官场，升职这样的事，一步慢，也许步步慢，过了这个村，真不知道下个店会在哪里！

李白说，长风破浪会有时，直挂云帆济苍海；白居易说，试玉要烧三日满，辨才须待七年期。不管什么事，都需要一个过程！

想当年自己升职失败的时候，也消沉一段时间，真是借酒消愁愁更愁！不过还好，幸好自己及时调整心态，最终也东山再起了。

我们说，当遇到升职失败的时候，应该怎么办?

## 1. 此时正当修行时。

身在职场，很多人习惯用自己的眼光来衡量自己的水平，自以为自己不错，自以为自己的表现领导都看在眼里，自以为自己已经具备胜任某个职位的能力！可是，我们忘记一条原则，我们的工作不是由我们自己评估的，是以我们的上司的标准来评估的！我们自己作为整体中的个体，会把自己放在局部中来看自己的岗位或是衡量自己的价值，而领导会站在整体的角度来评估你在整体中的作用。这就是标准的差异，必然导致结果的差异。

所以，当我们在某个位置升职失败时，不要急着去怪别人，也不要怪自己，我们要冷静下来想几个问题：

这个职位需要什么样的人才?

这个职位需要具备什么样的职业素养?

自己的职业技能胜任这个岗位吗?

自己的职业素养符合这个岗位的要求?

领导需要这个岗位的员工做出什么样的成绩?

领导需要这个岗位的员工扮演什么样的角色?

这些问题想明白后，再来观察，新上任的这个人身上具备哪些素养，与这个岗位是不是相符合。有人说，如果新上任的人也没有表现出这个岗位需要的职业素养，为什么还选他呢？只能说两权相害取其轻了！再说了，没有人能确保自己的决策就是对的，有时候只不过是试试看的态度，死马当作活马医。既然是这种情况，为什么还没有考虑你呢？你就反思自己了，对呀！为什么不选你呢？你平时的工作做出成绩没？你平时的表现有人注意到吗？你平时的人缘怎么样呢？我们说有能才有位，或是有为才有位，实在不行，有德也有位。如果你都没有，没有升职也就太正常了。我们说，就算是黄金，你得让人知道你是金子才行，如果你被埋在地下，谁知道你的价值呢？所以，不要多想，沉下心来，慢慢去打磨自己吧，知道自己要什么还不够，要想想自己有没有能力要什么，还要知道怎么样才能得到什么！

### 2. 不积小流，无以成江海。

别人为什么上位？仅仅因为是朝中有人好做官吗？仅仅是因为别人离领导近吗？仅仅是因为别人身上具备某种特质吗？别逗了，领导那么忙，哪有心思乱点鸳鸯谱呢！所以，既然木已成舟，也就没有什么好说的了，静下心来观察新上任的上司到底有几把刷子，咱要偷师嘛！

当然，对于新上任的上司，我们要发自肺腑地尊敬！虽然心里可能不当回事，但是，面上一定不能让人挑出事来。而且还要旗帜鲜明地配合上司的工作，坚定站在上司的一边，发挥自己的主观能动性，要去成就上司，尽可能帮上司分担工作。只有这样，上司才不会把你列入黑名单，你才有机会接近上司，了解他的为人，了解他的水平如何，或许你就会发出人家上位的秘密。切记，功夫不负心有人。而且，你要持续地配合上司，你才有更多的机会去表现，有机会表现，才能有机会出成绩，成绩积累到一定的量后，上司自然会认可你的价值。这种被认可，不仅仅是表现给你的上司，而且要通过你的上司向更高层传递你是个可造之才，这样才能在领导那里挂上号。

### 3. 富贵必从勤苦得，男儿须读五车书。

如果一时不能从晋升失败的阴影中走出来，那就多读书吧，读书是最快的提升方法，也是可以让自己忘记烦恼的最好办法。如果自己想当主管（或是其他管理职务），就要去对标这个职务需要的职业素养，以这个作为标准，反思自己，鞭策自己！假设自己是主管，自己应该怎么去开展工作，把你想的写在纸上，再去读书，从书中寻找答案，然后再回到工作中去观察新上任的主管，看他是怎么做事的，与自己写在纸上的有多少差异！这样才能不断地修正自己。

如果你觉得这样做太无聊，那好吧，我们可以去考证，可以去参加学历考试，主要就是让自己注意力转移，忙起来，就没有时间考虑失败的事情了！再说了，无论是考证，或是参加学历考试，都会认识一些新的朋友，也可以提升自己的眼界，自己的眼界提升了，主管什么的就不再是自己的目标，你会觉得自己还是被低估了，自己的目标还可以再大一些，心还可以更野一些。这样斗志就会回来了，有了斗志与野心，未来还会远吗？

### 4. 待何年归去，谈笑各争雄。

有时候，我们就得不蒸馒头争口气，如果我们自己认为自己已经具备某个位置的实力，在这里不被认可，为什么不换个地方呢？其实，人生呐，很多事真的具有传奇色彩的，你在这里不行，不代表在别的地方也不行，你在这个地方行，不代表在别的地方也玩得转！但是，如果在一个地方没有得到自己想要的，不妨换个环境，从头开始，或是站到更高的位置上再来证明自己的价值。除非你真的没有本事，你不敢去尝试，那就另当别论了！我们应该有一种勇气说出这样的话：此处没有我的位置，他处应有我的传说。

## 下属频繁离职，哪里出问题了

有位伙计在一家30多人的互联网创业公司工作。本着学习的心态，从公司成立之初就来了，至今已经快两年了。在最近这一年半的时间里，人事助理更换了7个：第一个待了3周，平时老玩游戏，领导和同事对他都不满意，经过一次谈话之后，离职了；第二个是个刚结婚的女孩，也待了3周，觉得公司下班晚，照顾不到家里，然后离职了；第三个待了2周；第四个是同事介绍的，在公司的时间长点，但是工作一直都不用心，待了一个月就有了离职想法，觉得做得不开心；第五个高中学历，但工作经验多，有次跟领导发生冲突，领导说了难听的话，后来以离家远为由走了；

第六个情商低，很自我，跟领导冲突之后，离职；第七个待了一个月，开始还蛮有冲劲的，但现在也有离职的想法。

说实话，公司这两年资金流比较紧张，人事助理岗位薪资不占优势，给得很低，工作量也不饱和，这些是不是都会影响新同事对公司的评价？这么频繁的离职，到底问题出在哪儿了？

以前与别人开玩笑说，如果你的下属离职了，第一个，你可以心安理得地说别人不好，第二个离职了，你还可以继续心安理得地说别人不行，但是，如果第三个再离职了，你再昧着良心说别人不行，这个就是你自己不厚道了！就该找找自己的原因了！案例中的问题看起来都是别人的问题，但是，是谁造成这些问题的呢？你有本事把人忽悠进来，却没有本事让人跟着你走到底，是要静下心来反思了。《旧唐书·魏徵传》："夫以铜为镜，可以正衣冠；以古为镜，可以知兴替；以人为镜，可以明得失。"说的就是这个道理！

当然，案例中的公司属于创业公司。我们都知道一个著名的传说，就是创业者不需要感情，不需要亲情，并不是说他们真的不需要这些，而是他们没有时间来经营这份情！他们心中只有一个想法，就是手提菜刀骑着皮皮虾往前冲。胜，站在这个城市最高的天台上看风景；败，从这个城市最高的天台上跳下去，他们的口号就是，你可以摧毁我的身体，但是无法摧毁我战斗的灵魂！

当然，很多创业公司确实存在这样或是那样的问题，创业团队削尖脑袋想着哪里能掉项目或是掉钱下来，等有钱了，有业务了，再回过头来整理整顿！但是，你创业公司的难处与求职者有关系吗？求职者的世界很简单，我们来解决吃饭的问题，但是我们也是有追求的！

### 1. 求职者：找份不错的工作，可以体面地显摆。

别管工作岗位如何，你唯一能做的就是先让你招的这个岗位对人家有吸引力！这个吸引力可以用整个行业与公司的资源来定义，包括看得见的利益与看不见的荣誉等。

曾经有这么一个项目，需要招聘四个人，工作需要长年出差在外，没有工资，伙食不好，没有出差补贴，没有加班费，没有探亲假，没有交通工具，还要走十万八千里路。而唐僧团队答应是因为这是如来亲自授意观音开发的"取经项目"。

如来让观音开出的条件：首先，要找到对的人做项目经理；其次，给项目经理福利待遇（量身订做全球限量豪华天价版西天礼服一件，纯金手杖一根）；再次，给项目经理配助理，每个助理配如来独家纯金头箍各一个。最后，对项目经理的支援请求随叫随到。当然还有观音在招聘时画出的大饼：正果！

所以喽，包括前世为如来二弟子的唐僧，原花果山最佳杰出青年、著名创业英雄、原国企享受高级干部待遇的孙悟空，原国企天河学者、资深上门女婿、福陵山云栈洞主、高老庄农家乐集团名誉少东家猪八戒，原国企总经办资深老司机、流沙河风景区主席沙和尚，还有原国企西海集团少东家小白龙都纷纷加入团队。他们图啥？这份工作体面，上面有人罩……

找到对的人。谁都知道，招聘是个苦哈哈的活！天下最好的工作也有人不想做，天下最差的活也有人争着抢。一句话，你要找到对的人。

还是唐僧团队的那些破事，西天取经路上也有一些实力强的非主流人类呀！牛魔王、大鹏怪这帮爷实力比上门女婿与风景区主席只强不低，为什么观音不找他们呢？人家老牛大叔可是非主流人类圈里最成功的一位，有老婆孩子还有情人，谁稀罕你那个破位子呢？大鹏怪人家背景深厚又看不上。至于像白骨精之流的连与唐僧研究个剧本的实力都没有，怎可能进入观音的法眼呢！只有那些经历过人生，有坎坷故事的孙悟空等人才是看透世间炎凉，知道一份正经工作的重要性……

每一份工作都有与之相对应的人，所以，根据每一份工作的特点、技能要求、岗位价值，既要选择能做的人，又要选择愿意做的人，还要选择能做下去的人。

**2.求职者：找份离家近的工作，可以早点回家显摆。**

准确定义你公司的位置与出行时间，呵呵，步行十分钟，自行车十分钟，汽车十分钟，高铁十分钟，飞机十分钟都是离家近……你可以在公司所在位置画个圈，在地图上标记一下，各种交通工具的时间。招聘的时候可以好好说道说道。对于有梦想的人来说，距离真的不是问题，问题是心灵上的距离才是距离。这个能采取的措施有限，比如，在公司附近的生活圈中招聘你要的人，再比如为公司的员工提供便捷的交通工具，再比如可以提供宿舍等条件。当然这话就当我没说，因为如果能开出这些条件，有些人来了就不会走……

当然了，如果公司招聘人员够牛，也可以这样解释：你可以从大东北跟到海南岛来工作，市区内的这点路还算距离吗？距离只是别人不选择你的借口，如果你的公司对别人有吸引力，距离压根就不是问题！

**3.求职者：找份薪水高的工作，可以从容地显摆。**

高薪不是不可以给，关键是你要创造出合适的价值出来，比如你先给公司赚一个亿。

很多人表示不服，我能有一个亿的项目，我还来你这里混饭吃吗？对喽，你没有那么高能，凭什么要高薪呢？

创业公司的人不缺少梦想，就是缺钱！人家自己都没钱了，哪来多余的钱给你呢？更何况还是一些不是主流的工作岗位。但是，现在的低薪不代表未来也是低薪呀。你可以展开联想的翅膀，让他们在脑海里自由自在地飞翔……岗位大于价值等于高薪。对于满足的人，能有口饭吃就能知足，对于不满足的人，年薪百万也是低薪。

所以，你需要让对方看到他位置的价值率及增值率，钱不是不可以给高一点，先去证明自己再说。当然了，能给高薪的企业毕竟不太多，给不了高薪，我们可以在别的方面满足或是吸引人、留人嘛！家有梧桐树，引得凤凰来！哪怕是歪脖子树，也能留下几只麻雀了！你看，猪八戒当上门女婿也不是冲着高薪去……

**4.求职者：找份让人自己成长的工作，可以有机会换份工作更体面更从容的显摆。**

我们说要用发展的眼光看问题，别把具体的某个岗位钉死在那棵树上，你要用点心思给对方设计一下生涯规划，让人看到未来。如果菩提老祖对那些学生说，你们跟着我修练，过十年八年还是与普通人一样，谁还会跟着他学习呢？他的招聘广告一定是这样说的：跟着我混，延年益寿只是基本功，我们的目标不是不长蛀牙，也不是长生不老，而是羽化成仙。所以，孙悟空留下来了……地主指（忽）导（悠）长工时会说，你给我家放羊只是暂时哒，虽然你目前只是放羊的，但是，你的未来会有自己的小羊。然后羊又生羊，你就有了羊群，然后羊群就可以卖钱，买土地，盖房子，娶媳妇……于是，周扒皮与长工快乐地生活在一起，一个压榨着长工的剩余价值，一个做着卖羊娶媳妇的美梦。

不管是企业处于哪个阶段，在一个岗位上做久都会烦。职场最可怕的就是一份工作让人看到十年后的自己等于十年前的自己，所以，一个岗位，你既要让人看到横向发展的可能，也要让人看到纵向提升的机会。发展是永恒的主题！

**5.求职者：找个好领导，可以带着自己一起显摆。**

这张牌是个好牌！相当于四个A，个人感觉比四个二、一对大小王好使！

很多时候，决定你职场高度的不是你的老板，而是你的直属上司！直属上司可以让你生，也可以让你死，更可以让你生不如死！你的晋升，加薪，技能提升，甚至人际关系都可能受到他的影响。

好领导包含很多因素。

第一，能力强。强将手下无弱兵，只有跟着能力强的领导，才有机会学到真本事。当然，只要你的领导能力强，不管他愿意不愿意教你，你都可以学到东西，前提是你要有足够的悟性。

第二，性格好。能够控制自己情绪的人才是人生赢家。我们混职场的，谁都不是神，那种帝王之怒、伏尸百万、血流千里就算了，我们伺候不起。我们的要求只不过是领导能够说人话而已！能够包容我们的过错，帮助我们成长就可以了。至于胜则举杯同庆，败则拼死相救，那是要拼人品的。

第三，长得好。欣赏美要从身边开始。上班苦上班累，上班真是活受罪。既始如此，我们需要心理安慰。当你工作很累的时候，一抬头时，我去，出现在眼前的是一张驴脸，想必心中的小鹿已经撞死了，从此办公室对你来说再也没有阳光，生无可恋……

所以，当我们手里没有其他牌好打的时候，不妨回头练练内功，多培养几个好领导出来。有他们在，在关键时候，还是可以撑撑场子的。

**6.求职者：找份感兴趣的工作，可以专注有情怀地显摆。**

这个是杀手锏了，很多时候情怀才是感动别人的最后一根稻草！有些人活着，他已经死了，有些人死了，他还活着！最值得尊敬的人永远是那些为了情怀与兴趣而坚守阵地的人！当然，往往这样的人还真的容易做成事。

无论是招人还是留人，都离不开情怀。情怀可以绕过一切条件，因为对于有情怀的人来说，做自己最感兴趣的事才让他们感觉到自由，做自己最想做的事才能让他们觉得活着有意义，为自己心中的目标努力奋斗才是他们的追求与价值所在！所以，对公司来说，能不能把具体的岗位与工作转变成一种伟大的情怀，这个就要看你们的本事与手段。


上面六条就是求职者的想法，区别的只不过有些人一条就能让对方跳到坑里，有些人需要满足三五条或是更多条才能让对方心甘情愿地给自己钉上棺材板。

其实，对比公司与求职者，只是想表达两个意思，不管什么时候，利益与情怀都要两条腿走路，这才是硬道理，对该谈钱的对象不要光谈情怀，对该谈情怀的对象也可以谈点钱。既不想谈情怀也不想谈钱的那帮家伙，头上需要装个避雷针……


## 07

### 第七节

## 无故被降薪，如何应付


有位伙计说他们公司是今年五月成立的，他于五月入职，职位是行政人事主管。因规模小，行政人事全都是他一个人负责。公司从最开始的两个人到现在20多人，全是他招来的。从公司创立之初，很多人事规章制度也是他制定的。但是不知道什么原因，老板一直不跟他签劳动合同，而且还让他做很多业务助理的工作。

现在公司团队组建完毕，他的工作就比较偏事务性了。前几天分公司负责人突然找他谈话，说要降薪500~700元，原因是他现在工作量不大。现在他心里很乱，不知道该怎样应对这种情况。

看到这个案例，以HR的惯用手法以及老板常规的思维推理看，可能会有三个结果：

一，当事人忍了。

二，当事人不同意，公司跟着甩出去的牌可能就是调岗（当事人的选择要么继续忍，要么滚）。

三，当事人不同意，接着公司找理由干掉！

就个人的推测，很可能就是老板看当事人不爽了，想下黑手了。真是叔可忍，大爷受不了！既然你不仁，就不要怪我不义了！你都练贱了，就别怪我也不要脸！

潘金莲的砒霜、武二郎的刀告诉我们，杀人一千，自损八百的事，不能做！大丈夫当有所为，有所不为，要做就要做靠谱的事，用靠谱的方法解决问题！所以，对于案例中的事，还是有着多种可能的结果。这种事，我们还是直接三十六计吧！我们说，规则能解决问题的，咱们讲规则，规则不能解决问题的，咱们玩手段！如果既不愿意用规则，也不愿意玩手段的，那就只能是与君歌一曲，别后无期自逍遥！

第一计，瞒天过海（收集证据）。

降薪吗？呵呵！我要是腰缠万贯的老板，我也可以不要工资。可是，我只是打工的，凭什么降薪？过河了就可以拆桥么？姑娘娶回家了就可以当保姆了么？

可以对负责人说，这个事太大了，我要考虑几天。然后，工作嘛还得鼓足干劲像傻白甜一样地工作，暗地里把自己什么时候入职的资料，什么时候向公司提出签订劳动合同的（公司怎么答复的，最好是书面的白纸黑字的），工作证，考勤表，工资卡与发放记录，甚至自己经手的有自己与公司领导签名或是公章的那些文件，以及其他能证明劳动关系的资料收集好（无论是文字版的还是语音版的，都可以找出来）。这是第一步，手中有粮，心里才不会慌。再说了，并不是说自己是人事主管，就可以不签订劳动合同，更不代表公司没与自己签订合同就是自己的失职！只要公司与别的员工签订劳动合同，唯独没与自己签订合同（案例中老板不与自己签订劳动合同的潜台词应该是与别人都签订劳动合同了，唯独没有与当事人签，我就是这么理解的），这个就不是自己的问题了。

这些资料相当于核弹，主要用来作为威慑的，一旦打出去，基本上两败俱伤的局面。但是，不能因为怕伤着，就不需要有这些东西！因为这是自保的最后的底牌。你和我好好说话，我就陪你唠嗑哥俩好；你要是跟我玩横的，我不要命也弄你个臭名远扬！

第二计，打草惊蛇（弄清意图）。

案例中只是说"要"给当事人降薪，只是一种主观上的意思表示，并没有落实到具体的行为，也就是说还有挽回的余地。这个时候，当事人就不应该过多的暴露自己的底牌，因为公司也不知道当事人是怎么想的，或许通过这样的举动来试探当事人的想法。所以，大家都玩打草惊蛇这一招，那就看谁的道行高。

可以与负责人聊，就是摸清公司的底牌，比如说如果答应这个降薪的要求，是不是还是继续做行政人事主管？如果不答应公司降薪的要求，公司会有什么动作？现在当事人看起来被动，实际上处于主动，主要是弄清公司的真实意图，同时在沟通的过程中有引（诱）导（使）对方说出一些违规的话，相信公司刚建立不到一年间，负责人对于 HR 这一块或是法律这块不见得有多么懂行，对方暴露的意图与把柄越多，对当事人后面的反制措施会越有利。我们要弄明白对方是真的意在沛公，还是只是为了练练贱！

第三计，反客为主（找回场子）。

如果上面的几计还是不能让公司负责人打消降薪的念头，而且上级是铁了心的。比如说，公司负责人的态度是坚决的，要么接受降薪，要么离职，这个时候怎么办？什么怎么办，别人打我脸了，难道我还要说打得好？当然打回去了。

这个时候与公司负责人谈，大哥，请尊重我的职业好吗？我就是传说中的搞事小能手，点火小达人，我们还是来谈谈钱的事吧！这个时候前期准备的各种证据挑几样拿出来聊聊。比如说按照《劳动合同法》我可以怎么样怎么样，给我点补偿就行了，下班我还得去挑个 LV 的包，买个 iPhone 回家玩呢！注意了，底牌也不能都抖出来，免得你说了，对方找人去咨询来做准备。只有动真格的时候，全面的理由与事实往《仲裁申请书》上一写，你懂的！

这个时候就得展示手段了。如果公司没有诚意，那好办，先举报，后投诉，再仲裁，把程序走足了，发发微博，爆爆料什么的。既然你能赶尽杀绝，我也会鱼死网破！

最后，我们说仲裁的目的是为了拿到自己的利益，那么问题来了，我们在不想闹僵的前提下，所谓的举报投诉仲裁，核心还是把企业逼回谈判桌上，这样你来我往地互相妥协，拿点钱走人吧！仰天大笑出门去，我辈不会欺负人……

第四计，走为上计（不陪你玩）。

所谓忍一时风平浪静，退一步海阔天空，现实生活中，并不是每个人都想走对簿公堂这条路的。对于当事人来说，公司想降薪无非就是觉得事情忙完了，你也该滚了，剩下轻松的活可以安排自己人来做，你就把位置让出来吧。这就是辛苦养大的孩子得管别人叫妈，心里憋屈！

既然是说要降薪，不是还没有降嘛，至少现在的薪水待遇还是保证的，再说了，在这里该证明的已经证明了，还有什么可遗憾的呢？又不是离开这里就喝西北风了。如果觉得心累，前四计就算了，再穷也不差那两个钱，走吧，不陪你玩了，你们爱怎么滴就怎么滴吧！再说了，新创业的公司才半年不到就玩这样的手段，还能成什么气候？幸亏公司这样的玩法，让自己提前觉醒，这样的老板不值得跟，塞翁失马焉知非福！

对于公司来说，过河拆桥、卸磨杀驴真的好么？简直让人寒心，别怪留不住人，天作孽，犹可为，自作孽，不可活！有手段可达目标，无格局难成大业！

对于个人来说，别管什么手段，人在江湖，活着为王！别扯什么无毒不丈夫，最狠妇人心这一套，"君以国士待我，我当以国士报之！君以路人待我，我以路人报之！君以草芥待我，我当以仇寇报之！"如果忍一时，他却风高浪急，退一步，他却步步紧逼，怎么办？哼，手提三尺青锋剑……

## 08
### 第八节

## 如何妥善处理辞退员工事件

A公司生产计划部经理老王今天一早就来到HR经理李小姐的办公室说，自己部门的员工小张工作表现不行，不想要他了，叫她想办法辞掉他。李小姐跟老板汇报后，老板也支持了老王的意见，叫她想办法把小张弄走，越快越好，最好是这几天就办完离职手续，并且说要想办法不能有赔偿和劳资纠纷。李小姐听后为难了，不知如何是好。

企业日常管理中，中小型民营企业像案例中的事经常会发生，主管看谁不顺眼，直接把人退给人力资源部要求辞退。这种情况就是个烫手的山芋。不接，恶化部门间的关系，碰到恶人先告状的主，那更是躺着也中枪！接了，有一就有二，会形成习惯，助长部门主管的不良管理作风，为 HR 部门增加工作量。

如果是李小姐，这事只能这样处理：

第一步：未胜虑败留余地。

（1）以退为进：向生产部经理老王了解小王表现不行的各种事实依据，做到心中有底。老王不用小张的真实原因？该岗位替代人选如何确定？相关工作谁接手？如果没有万全之策，是否再给机会以观后效？一棍子打死岂如养肥了再杀来得有成就感！

（2）阐述厉害，争取时间：将了解的事实向老板再做汇报，表明辞退的风险，看是否能通过调岗方式冷处理，同时考虑接班人的选拔或招聘事宜。如果老板仍坚持己见，则向老板要求，事发突然，需要给 HR 部门一定招聘周期，也避免处理过急带来的反弹。再说了，在老板前挂个号，以防止生产部再倒打一耙说 HR 部门招不到人，里外便宜都让生产部给占了！呵呵，让 HR 掉沟里，生产部也别想站岸上笑！

第二步：恩威并施定乾坤。

（1）红脸关公义字先谈。约小张谈谈，先声夺人，告诉小张摊上大事了，询问最近是不是得罪某位大神了，或者什么原因导致工作让领导不满，领导已放出风来要换人。让小张有心理准备，有个缓冲的过程。

为小张分析这种局面的原因，与其等着穿小鞋，背黑锅，像个小媳妇一样处处受制于人，丢脸到姥姥家，不如先下手为强，主动辞职，走得高调！同时，告诉小张，人在屋檐下，不得不低头，咱已向老板为你申诉了，但是老板很可能会做出对你不利的决定。如果需要，咱可以在 HR 圈子里帮你吆喝、推荐一下，寻个好东家还是事半功倍的。让小张知道，即使组织待我刻薄，但是同仁对我有义！

（2）白脸曹操示之以威。过两天，再找小张谈，告之老板已做出最后决定，要炒鱿鱼，并且要通报全厂。暗示小张最好的方式就是主动辞职，这样 HR 部门可开绿灯手续简化，多算几天考勤，交接走人。

如果小张提出赔偿问题，挑明告诉小张，人在河边走，哪能不湿鞋。这年头很多公司新员工入职前都会做背景调查，如果小张配合公司，主动辞职走人，遇到新东家背景调查时，HR 可说明：该同志能够顾大局，识大体，因个人原因离职是公司的遗憾！如果因劳资纠纷或赔偿问题弄得不愉快，遇到新东家背景调查时，HR 只能这样说：该同志个性鲜明，维权意识强，谨慎使用！后果如何，让小张自行考虑。再说好事不出门，坏事传千里，总有透风的墙！

同时，再暗示小张，中国式企业家谁都有点野路子，相关部门在考虑劳动者的利益时，也要照顾地区的 GDP 与就业环境，就算对簿公堂也是各打五十大板的事，最终还是协商处理。除非真的撕破脸，那只能靠正义的力量给自己主持公道了。

对于员工来说，哪里的水都能煮饭吃，换个地方，混出个样来让老东家瞧瞧，让人知道，不是爷无能，而是你们有眼不识金镶玉！退一步来说，既然点子扎手，那就赶紧撤吧，维权是小，失节是大！总不能捡了芝麻丢了西瓜吧，毕竟以后还要在这行混呢！

对于 HR 来说，明知山有虎，偏向虎山行，上哄得了老板，中搞得定同事，下镇得住员工！HR 就是老板手中一把明晃晃的刀，锋芒毕露时快刀斩乱麻，那一刀的风情让人闻之色变。鸟尽弓藏时大巧能变拙，那一刀的温柔虽痛发丝不断！伤不起的 HR，一句话概括：得志猫儿胜过虎，落魄凤凰不如鸡！

## 09
### 第九节

# 如何看待职场中善于溜须拍马的同事

周静在公司做人事主管快两年了，4个月前招了一个应届毕业生做前台。现在这个前台的各种问题开始逐渐暴露出来，尤其是善于向高层溜须拍马。

例如说老板娘身材有点微胖，她就主动提出每天早上陪着晨跑减肥；得知老板娘喜欢吃蜂蜜，她特意找人从老家寄过来野生蜂蜜等等，不胜枚举。但是工作能力却一点提升也没有，交待给她的工作经常一拖再拖，和同事关系也不好，人家对她的评价都比较差。周静和老板娘提过几次，但老板娘觉得应届毕业生工作经验可以慢慢培养，不擅长处理人际关系也很正常，让他们多多包涵！周静觉得非常苦恼，遇到这样的人应该怎么办？

如何看待溜须拍马的同事？这个问题要是放在以前，还需要问？直接画个圈圈鄙视！可是吃过亏上过当，现在才明白，善战者，不战而屈人之兵。走上层路线，从来就是个技术活，也是稳赚不赔的活！就像金大侠笔下的一等鹿鼎公韦小宝同学，看看人家是如何混的？不管是处江湖之远，还是居庙堂之高，如鱼得水，游刃有余，那是一个春风得意，阳光灿烂，这才是大师级人物，殿堂级导师。再看和珅和二爷，凭啥让老板乾隆频频为他转身呢？机智如乾隆那样的老板对他睁一眼闭一眼的，任他瞎折腾，还不是人家和二爷会拍嘛！

话说生气不叫生气，那是控制不住体内的洪荒之力，那么问题来了，溜须拍马换个说法，那是开发别人内心深处渴望被尊重的需求！我曾讲过职场上四类人的话题，弄明白这个问题后，所有问题就都明白了。

**1. 传说中的职场四类人。**

（1）是奴才也是人才。这种人最吃香，也是老板的嫡系部队，最得老板信任，深得老板器重，想老板所想，急老板所急，既能把老板侍候好，又能把事情摆平，韦小宝、和坤是这类人的代表。老板最想要的是，首先得是个忠臣，其次才是能臣，具备这种水准的，不管何时都处于不败之地！这种人最让老板放心之处就是，上得了台面事能摆平，见不得人事能搞定，有功不赏不屈，有过不推不怨。谁是老板谁知道！

（2）是奴才不是人才。这种人也能混得风生水起，虽说做不成事，但对企业没什么大的危害，却能把握老板的心思，表面文章做得好，溜须拍马，迎合上意。只要不犯大的原则性错误，老板一般不会发落他，有时候还能获得晋升机会，让旁人郁闷。这种人，也可以用一句流行的话概括，当能力达不到要求时，咱得把态度摆正：有事，您说话！

（3）是人才不是奴才。这种人比较压抑，有才得不到发挥，性格直爽，做事讨不了好，净得罪人，原则性强，打酱油的事不少做，黑锅自己背，送死自己去。每个部门总有这样的人在撑大局，没有他这个部门的工作就会打折扣，比如李白、纪晓岚、海瑞等这类人。这种人看不惯职场老油条，坚守自己的信仰与底线，混得比较艰难！为什么呢？因为这类人给人的感觉就是，别人都不好，就他自己好。于是，老板会想，就你好，你全家都好！才高八斗如李白又如何？用你，你是人才，不用，哪儿凉块哪儿呆着，喝你的酒写你的诗去吧！

（4）不是人才也不是奴才。这类人的存在，成就了 HR 员工关系的名声，末位淘汰的最佳选择。生活在企业最底层的人，没有晋升或加薪的机会，稍不留神就会丢掉饭碗。做不了事还瞎叫歪，不听话还乱起哄，电视剧里跑龙套，一个照面戏份就结束的酱油党。当然了，这类人最广泛，要求也低，只想做个大大的良民。当然也不能随意招惹，毕竟，兔子急了也会咬人的！自古以来，有一种传说是，阴沟里翻了船！

### 2. 前台的牌该怎么打？

（1）上策：有了大小王，自成四个二。案例中前台在情商这方面得天独厚，远胜他人。当然，能与老板娘交好，大腿还得抱，不仅要抱，还得抱实了。利用这个机会，表明心迹，流露出自己积极向上的一面，把感情牌打得最大化，借机提出学习相关的技能，让公司培训与培养自己。只要自己技能提升了，能帮老板娘做更多的事了，就不需要怕事了。有了金钢钻，还怕瓷器活？有了老板娘这张王牌，顶替主管也是迟早的事，取而代之嘛！当然，拍马屁只是手段，不是目的，通过靠大树得到自己想要的利益才是王道！

（2）中策：有了大小王，交好四个二。如果自己资质不佳，能力有限，七窍通六窍还有那个一窍就是不通了，咋办？还是有办法的，上面有老板娘撑腰，下面就得交好同事，与人混个脸熟嘛。就算自己不会，但是要把态度拿出来嘛。咱不会，咱努力学，学不会，咱得告诉领导，别指望把萝卜卖出人参价……潜台词就是咱对您没有威胁，咱们合作干活，我帮您在老大那里美言几句，您帮我考核评优什么的都给放点水，大家一起打怪升级，中不？没事，也与其他部门多跑几趟腿，打点杂！

（3）下策：有了大小王，别怕四个二。如果自己实在做不良臣，也不愿意去侍候别人，或是提不起兴趣对别人笑脸相迎，那又该怎么办？你还可以做孤臣！只效忠老板娘就行了，告诉她，你就是她的人，只要她一句话，不管上刀山，还是下火海，赴汤蹈火，在所不惜，还有什么可说的。做卧底，玩潜伏，或是把别人往死里得罪，大家都得罪了，就是一个没有得罪。有老板娘罩着呢，还怕什么呢？

### 3. 主管该出什么招？

（1）上策：统一战线。作为领导，下属中有这么一号人物，确实是头疼的问题。本着资源最大化的原则，下属的人脉，只要处理得好，也是上司的人脉嘛。这个要出张无忌的牌，乾坤大挪移嘛！所以，得先把前台的心拉过来，告诉她，咱们都是一条船上的人，不能吃独食。既然自己拉不下脸去拍马屁，让下属去拍也是一样的，别人吃肉，自己跟着喝点汤也够了。做领导，得有胸怀！下属混得好，这也是间接证明自己领导有方，培养给力。再说了，只要自己适当护着下属，老板娘也会心里有数！有句话说得好，爱屋才能及乌，说得就是这个理！自己领会精神！

（2）中策：忍一时风平浪静。如果这样的下属不听话，既不能与自己一条心，又不愿意把她的资源适当分享，而且又不能做事，还让别的部门不满意，大错没有，小错不断，又该怎么办？咱是领导，咱得有气度不是？既然人家背靠大树好乘凉了，咱只能以德服人，多教育，多提点。行走江湖还得讲一个义字，帮下属收拾烂摊子呗。有时候，退一步，海阔天空，睁一只眼闭一只眼，未尝不是福分！磨人的小妖精就是用来修身养性的！

（3）下策：对上不敬，杀之而后快。不是每个人都知道感恩的，也不是每个人都能看清形势的，有些下属就是给点阳光就灿烂，遇到这样的人还能怎么办，是可忍孰不可忍！万水千山总是情，这样的下属不打不行！咱们都是老实人，怎么可能随便干掉下属呢，咱们得先让其骄，再让其狂，然后手起刀落！没事多派点活给下属做做，做不好就考核。公开批评，先让其没面子，再给对方心理压力，达摩克利斯之剑悬而不发，吓的就是你！咱们要用证据说话，适当引导对方做点人神共愤的事，多挖点坑让人跳跳嘛，反正闲着也是闲着！最后，为了应民心，揣上意，挥泪斩马谡。既显得咱大义凛然，又显得咱刚正不阿，铁面包公，人间海青天，醉了！

对于老板娘来说，高处不胜寒，千万不要让高贵的灵魂深处隐藏一个小贱人，没事别越位，别让下面的人犯难，领导身边的人得选好喽。当然啦，作为上位者，谁没有几个心腹呢，就看怎么用了。装傻不是眼瞎，眼瞎不可怕，可怕的是心瞎了！最终亏的还是自己买化妆品的银子！当然这个前台有这个水准，做前台可惜了，要是培养一下，一定是个优秀的销售经理。这样的手段，摆平客户那是反手关门、探囊取物一样！老板娘不吃亏！

对于会溜须拍马的前台来说，只想问，你的老师是谁，请收下咱的膝盖吧！真是教出了好学生！不过，要送前台三句话，一是现官不如现管，二是不作死就不会死！三是既然混关系，最好方法还是悄悄地进村，打枪的不要！潜伏是为了在关键时候上位，不是暴露目标，让自己处于别人的枪口下！

对于主管来说，如果前面的拉忍打三策不管用，只有出绝招了，跑。你爱咋拍就咋拍，咱眼不看为净，三十六计走为上！其实，有些小火苗还是不要让其冒出来的好，扼杀于摇篮中还是必要的，快准狠，宁杀错，别放过！别让别人踩着你上位了，否则，哭的不是泪，那是血！对于溜须拍马的同事，平常心看待就行，还是那句话，在职场混，有人靠本事立足，有人靠关系吃饭，异曲同工而已。活下来才是硬道理，能发展才是真本事！

## 怎么样才能更快地明白领导的意图

王静从事人力资源工作有两年了，一直都不认为自己是一个聪明人，尤其不擅长与领导沟通。只要领导一找她谈工作，经常会很紧张；再加上她的领导又是一个喜欢拐弯抹角的人，很多事情都不直接说，总是让人费尽脑筋揣摩他的心思。由于不知道领导想要的是什么，所以她有时会说错话，有时会办错事。在人力资源这个领域工作，很多人都想成为职业经理人，她也不例外，但是她觉得她的情商比较低，不懂得如何揣摩别人的心思。

古人云，江湖险恶，人心不古，古人又云，跟着领导走，有肉吃！为什么要去领会领导意图？这个还需要解释的话，那么问题就真的来了，想必也就不需要混职场了。这个问题你不明白，说明你的智商不在服务区！

有人说，我工作靠本事，不靠关系，领导也得让着我。我告诉你，如果有这种想法，好日子也快到头了。自古以来，功高震主，尾大不掉者，不得善终！朱元璋打天下时，忽悠一帮伙计时，那是泪流满面地说，金杯汝共饮，最后呢，白刃不相饶！

有人说，既然领导那么厉害，咱就不需要思考了，凡是领导说的都是对的，凡是领导让做的就坚决做，那么问题又来了，领导需要的不是木偶，你明白吗？

领会领导意图是个技术活，怎样才能快速地领会领导意图呢？

### 1.观其言，看其行。

古人说的好，了解一个人是什么样的德行，第一要素就是观其言，听其行。话说言者无心，听者有意，说的就是这个理。领导也是人，咱们得仔细观察领导都说什么，在做什么事，这些行为是主动的，还是被动的。如果是主动的，咱们跟上锦上添花就对了，搭着顺风车，让领导满意就行。如果是被动的，说明领导心里不愿意，咱们做事打点折扣，或是反着来，既让领导过得去，又让领导明白自己是站在领导这边的，横竖都让领导高看自己一眼。

### 2.明其心，了其志。

所谓燕雀安知鸿鹄之志哉，有些领导是个老狐狸，不会轻易说出自己的想法，有时候甚至故意瞎折腾，就是让人误会自己，然后躲在四起的流言背后观察别人。这样的领导是可怕的，而且城府深，非一般人不能看透。所以，要想领会领导意图，就得有个持久战的心理准备，可以主动靠近领导，挖掘领导以前的得意之事，甚至适当给领导背黑锅，来判断领导的心胸与志向。只有这样，你才能走一步看三步，打蛇打七寸，攻破领导的心防。这样领导才会视你为左膀右臂，因为你的心机已经让领导认为你与他是同路人。

### 3.性格决定命运。

都说性格决定命运，就像科学永远解释不了女人的直觉为啥那么准。这个既可以借助所谓的属相，星座等理论，也可以根据领导做事风格与价格观来分析，还是可以找出点套路来的，毕竟江山易改，本性难移。再狡猾的狐狸都玩不过好猎手，性格因素在许多重要事情的决定与选择上确实可以让人心中有数，这是可以抛开其他条件不论的一种下意识的天生的直觉。

上面三种常规的方法是需要花时间研究的，在这个快餐时代，也许很多人不会愿意去下功夫，那下面再来几个拔苗助长的方法吧：

**1. 汇报法：端别人的碗——服别人的管。**

对于想吃快餐的下属来说，要想快速领会领导意图，那就用最快最笨的方法，早请示，晚汇报。这个方法的妙处就在于，时时勤拂试，不使尘埃落。领导嘛，不就图个权威感、存在感，说话好使的成就感？那就遇到多汇报、多请示，以领导的意见为准，指哪打哪，这样，还能在领导那里适当表现自己的实力与忠诚。领导会觉得这样的下属好用，招之即来，挥之即去。领导高兴了，就把你当自己人，这样就会提前告诉你他的想法。退一步说，你天天与领导在一起，领导有几根花花肠子，你再猜不着，你也是醉了，基本上也就不需要去领会领导意图了。因为你太笨，领导不要你了。

**2. 利益法：狐狸尾巴——藏不住。**

人在江湖上混，人不为己，天诛地灭，这个话糙理不糙。作为领导，就得有自己的利益或是部门的利益，千万不可把部门利益等于领导利益，有时候也得分开。这个时候，领导的所作所为，自己要在心里转个弯，用排除法衡量一下，领导做的事，对领导有利还是对部门有利或是对部门有害等等。凡事你往对领导个人有利的路子上走就行了，至于对不对，领导自会告诉你的。如果领导眼睁睁看你为他好还往火坑里跳，他不表个态，不打个赏什么的，这样的领导也就不值得你跟了，也就不需要去领会他的意图了。

**3. 反试法：年三十煮稀粥——不是过年的样子。**

所谓成功细中取，富贵险中求，这个方法有点险，这个方法只能偶尔用一下，作为试探的目的，就如兵法以正合、以奇胜的道理一样。如果领导安排工作不做交待，不愿多说，那么好办，咱们根据领导平时的做事风格与价值观来猜。如果还不能猜到领导的真实想法，又不好意思追着领导打破沙锅问到底，这个时候，可以适当把事情往领导不希望看到的结果上去做，反其道而试之。当然这有两种方法，一种是在做之前告诉领导，探听虚实，让领导着急，主动告诉你他的真实意图。一种是吃不准的情况下，直接往相反的路子上走，做完后再看领导反应，这样还有补救的措施，既可以将功赎罪，又可以知道领导真实想法。但是，这种方法有点兵行险着，不到万不得已，慎用。

**4. 对手法：裁缝师傅的尺——专量别人。**

如果对领导不熟，自己又不是领导信得过的人，这种情况下，要想知道领导的意图，只有把自己当成领导的对手。要知道，这个世界上，最了解你的人，一定不是你的亲人与朋友，而是你的对手，只有对手才愿意花时间研究你，琢磨你。当然，这个说来话长，既要掂量一下自己的水平，又要对领导进行全方位的观察与了解，这个得花时间的。但是，这个方法也可以用最短的时间来达成，就是假设自己是领导，模拟领导的角色思考问题。多做模拟与推演，把可能的想法都提出来，选择对自己最有利的一种，然后再把自己的角色回到下属的层次上，按自己推演出来的结论去做事。就算不能符合领导意图，至少也得让领导认为你是个有想法值得拉拢的人。

**5. 跟风法：周文王请姜太公——净找明白人。**

这年头不到万不得已，不要成为领导的对手，咱们可以试着去成为领导的人。当然，不是跟着和尚吃几天斋，就会成为佛祖的人！如果手里没有底牌，短期内无法获得领导的信任，那么还有一种办法可以让自己能领会领导意图，就是跟风法。

领导不是带头大哥，什么事都自己提刀上阵，肯定有马仔在摇旗呐喊，煽阴风点鬼火，所以咱就得盯住这些人。这些马仔或许得到领导的授意，或许是领会领导的意图了才充当马前卒。这个时候，跟着做就好了，跟着领导马仔混，等于间接跟着领导混。当然了，只要让领导知道咱的心意，以后有的机会成为自己人。那个时候，自然可以先人一步领会领导意图。

领会领导意图是个技术活，但是这得有个过程，没有速成法。不下功夫去研究是得不到收获的，更何况，猜到领导意图就是一本万利？没有哪个领导会让自己在下属面前是个透明人，让你看透了，领导就不是领导了。

不管什么时候，在领导心中，神一样的下属是可怕的，猪一样的下属是可悲的，领导需要的员工介于两者之间。诸葛亮是来当军师的，猛张飞是打头阵的，只有领导自己才是曹孟德，宁可我负天下，不可天下负我！

对于下属来说，我们需要做的不是想办法在领导那里狂刷存在感，我们要做的是如何在领会领导意图的前提下，适当地藏拙，既能显示领导英明神武，又能让自己看起来大智若愚。毕竟只有领导先免礼，下属才能平身的节奏！切记，保存自己才是主要的，别聪明反被聪明误，领导反手一刀送你上路！所以，该精明的时候不傻，该糊涂的时候不精，这才是我们追求的艺术人生！

## 11
### 第十一节

## 如何打破公司的小团体

周强所在公司是一家从事食品生产和销售的中型企业。公司的管理人员和技术骨干一般都是内部提拔的，如果有岗位空缺，只要部门领导推荐，人力资源部发布任命通知就可以了。所以，有些部门领导只提拔亲信，公司内部小团体主义很严重。

现在老板开始有危机感了，让周强想办法整改。周强想引入竞争机制，通过竞聘上岗的方式，改善这种状况。但是，很多部门领导都不配合，而且找各种理由敷衍，现在这项工作的开展阻力重重。如何才能打破公司的小团体？


教科书上那些理论能摆平这样的事吗？就像自古变法多数失败一样，会把脉不会开方子的医生不是好 HR，会开方子治不好病的 HR 不是好医生！

案例中的问题，想想都不需要用什么管理学专业知识，也不需要用兵法，话说杀鸡岂用宰牛刀乎？咱们做 HR 的不仅要仰望星空，还得会脚踩泥坑，三十六计随意扯几计就办得妥妥的。

第一计：指桑骂槐 + 无中生有。

在民营企业，老板就是天，别扯什么这不合法，那不合法，强势一点的土豪收拾下属还需要理由？别讲笑话了，老板花钱请你来是做事的，不是当大爷的。听话的，留下，不听话的有限度地使用，还有一种是不听话的那就换掉。这世道，哪有发钱的给拿钱的赔笑脸的，把那几个部门头头列出来，挑出其中一二个时不时地找茬。话说堡垒最容易从内部攻破，先破了他们的平衡局面。敲山震虎，摆明告诉他们，别找不自在，地球少了谁都转。有些事做不好是能力问题，没做就推那就是态度问题，三天不打上房揭瓦的节奏。就是一句话，我看！你！不！顺！眼！不需要理由，你不变，就收拾你！别人不变，继续收拾。说得好像公司缺谁就玩不转一样，这年头，公司谁都可以缺，就是不能缺少发工资的老板！

这个组合计，目的就是敲打没眼力的主管，告诉他们，悠着点，不然收拾你们，我都不需要理由，别挑战我的底线！还有就是暗示他们，你们那一套，我都明白，虽说法不责众,但是利益面前,亲兄弟还明算账了。我逮住一个整到底,这个总行了吧。我要收拾那谁,你们站边上看,小心殃及池鱼。

第二计:调虎离山+暗度陈仓。

话说那些主管为什么提拔亲信呢?想想也正常,这年头,想做事,都得有自己人!不然总觉得不放心,用起来不顺手,这个心情可以理解!但是,亲信不是这么用的,得有两把刷子,啥都不会干,别人能服?打江山时,你说你们用亲信,这个也就罢了,毕竟得有人冲锋陷阵,士气可用。坐江山时,人人都有"岳家军",你说,你们把老赵家摆那里?摆明了是欠收拾!

所谓响鼓要用重锤,擒贼先擒王,不是有主管不服?好办,送他们出去培训,弄那种什么脱产研修班的,对外显示老板大气,重视人才,培养下属。如果这帮人不去,传出去,说明他们心虚,而且名声也不好,并且坐实了对公司不满的口实,也让老板更确信这帮人不忠。等他们去学习的时候,安排代理人,示之以恩,推之以腹,诱之以利。几个月的时间,生米都可以做成熟饭了。等那帮主管回来,黄花菜都凉了。作为既得利益的代理人,他们会服气主管?以后,老板只要居中协调就行了,谁听话就用谁。不听话的就靠边站。

第三计:抛砖引玉+借刀杀人。

当年宋太祖杯酒释兵权后,为了避免黄袍加身的类似事件再次发生,彻底肃清那帮手握兵权的将军们的派系,赵老板采取了禁军统领换防制度,频繁调防禁军与地方军队的将领,造成一种"将不知兵,兵不知将"的局面。一个不小心将军就指挥不动自己的队伍,甚至有被架空的嫌疑,这样就不会产生小团体。

10年前自己也被副总这样一招收拾到没脾气,熬了两年得贵人相助,才一步跳出火坑,不然真要栽在这个坑里!

咱们都是文化人,不能那么直接,先吹风,出个文件什么的(这要老板配合演戏）。比如根据公司发展需要，要增加个副总什么的，前提得有多部门工作经历……然后，把各部门主管换换，美其名曰进入副总人选考察名单了，先补充相关部门工作经历，全面了解公司运作模式。让他们看到钞票与前途大大的有，三呼万岁，感谢吾皇栽培……

据说调岗后，那么问题就来了，对于不懂业务的领导来说，让他们的下属来折腾他们，这还不是一个眼神的事？这年头，干掉老大，老二就有希望了！这个计用得好就是二桃杀三士的水准，买一送二呐！这样老板还可以恨铁不成钢地说真是烂泥扶不上墙，我要是提拔你，怎么给兄弟们交待？这样折腾一二回，就流传了一句话，不知道他们是怎么来的，就知道他们是怎么没的！

第四计：欲擒故纵 + 釜底抽薪。

前面的基本上都是对部门头头的，现在换个玩法。话说老虎可怕不？要是拔了牙，断了爪呢？那是猫！以前看武侠小说，新出来混的帮派想要做大事，基本上两条路：一是先干掉少林与武当，然后趁机坐大。二是先扫除周围小帮派，最后孤立少林与武当。这样简直就是为新人上位量身定做的招数。

你不是喜欢用亲信？我就给你的亲信调岗升官，看你怎么办？你拦着？话说挡人升官发财，在过去那是排在亡国灭种杀父夺妻之后的第五恨，只要你拦着，咱就在边上等着看窝里反的好戏。你不拦？那就是釜底抽薪，让你根基不稳，你还嘚瑟个啥？当然了，如果你的亲信升官了（当然是升让他做不好的位置了），下一步的坑就来了，这是连环坑。工作做不好，再处理喽，再顺便搂草打个兔子先，反过来把主管再拎出来。用人不明，推荐时没把好关（因为你不好拦着，还会捏着鼻子给亲信说好话）等，用各种理由（莫须有也是可以的，老板收拾人真心不需要理由）把你收拾了，至少让你以后不会再对着干，否则就踢你出局。当然了，有了把柄引而不发，威胁意味更浓，这样一箭双雕想想也是酸爽得醉了。

有人可能会不屑地说，既然你都知道别人的亲信不是玩意，为什么还给别人升官呢？这不是瞎搞嘛，都告诉你了，这是局！局！局！做大事得有点牺牲精神，又不是评先进与道德模范。

第五计：浑水摸鱼＋瞒天过海。

话说前面什么调岗、轮岗、干掉下属、窝里反，这些都用过了，好像看不出哥的专业，那我们就换个文明点的方法来收尾。

你们不是有小团体？不是喜欢用亲信？别人不是不服？老板不是不爽？那就给他们机会，摆明车马炮对杀。先把水弄浑了，这样才有机会躲在暗处，伺机而动，一击必杀。所以得整点动静出来，比如季度或是半年大比武，就比两项，部门业绩与个人业绩。靠实力与数据说话，真金不怕火练，是人才是亲信，还是猪一样的队友拉出来让大家看一看。记住了，咱们的目的既是为了把水搅浑，也是暗中观察到底谁才是有本事的人，可控的人，听话的人。当然了，这样的比武得有利益，只有足够的利益才能让亲兄弟都能打起来，何况是亲信与各部门主管？这样做的好处就是，团队业绩差，说明主管不行，可以收拾他，或是逼着主管壮士断腕，自废武功！团队业绩好，对老板来说是好事，还可以把好的团队做为榜样，让他当靶子、做典型，分化各部门主管，何乐而不为？

如果这些都不行，那么还有两句话，一是学学宋太祖赵匡胤杯酒释兵权，咱们换一帮自己人上来做主管，让他们看看前任是怎么死的，给他们画圈，别越雷池一步。二是学学明太祖朱元璋炮轰功臣楼，剩下的事情就简单了。

作为 HR，纵观古今，要想在现有基础上进行变革的，除非老板有决心，有魄力，有毅力，有授权，有信任，否则就不要去玩。不然想想范仲淹，王安石等人是怎么失意的，就算一时成功又如何？再想想商鞅与张居正的下场，除非你见好就收，果断离开。但是当你享受成功的喜悦时，你有勇气激流勇退？如果舍不得，那就等着背黑锅被干掉吧！

作为部门主管，有些事要拎得清，君要臣死，臣不得不死。任人唯亲，结党营私这种事，老板干得，你就干不得。这是和尚头上的虱子，明摆着的事，这是只许州官放火不许百姓点灯的道理。拿老板的银子，听老板的话，别让猪一样的队友挖坑把自己埋了！

今天不在这里转理论，因为再好的制度与理论，都是人来落实的。想想黄子澄与齐泰是怎么把建文帝带沟里的吧！搞不定人，再好的制度都是废纸一张！现实确实如此，读书人杀人不用刀！

## 12
### 第十二节

## 工作中如何跟拜高踩低的同事相处

赵先生的公司是做文化产业的，公司有个部门主管王先生，因为平时工作打交道比较多，所以对他的了解也比别人多一些。最看不惯的就是他那副拜高踩低的嘴脸，对领导毕恭毕敬，领导说的任何话他总是一味地附和，刻意逢迎，即使领导说得不对，也从不反驳。但是对下属却非常严厉，从来都不会替下属说话。尤其是下属犯错被领导批评的时候，他从来都把自己撇得干净，把责任推给下属，所以在他手下工作的人也是敢怒不敢言。

赵先生对这样拜高踩低的同事非常反感，但还要经常和他打交道，如何跟这种同事相处？

所谓风乍起，吹皱一池春水，关卿何事！别人作为主管，怎么做人，如何做事，那是别人的权利。行走江湖，龙有龙道，虎有虎路。你看不惯别人的行事作风，不如说一句浮生难得逍遥过，懒于他人道长短！

职场上人前一套，人后一套这类人多得是，与这类人打交道就是一句话，人不犯我，我不犯人，人要犯我，我必犯人！本案例中只说是同事，在这儿我们可以引申一下，把这个同事的范围扩大一下，下面咱们来聊一下如何与这类人相处：

**1. 对同事（除领导与下属外的人）：容他交他，还要防着他。**

（1）容他：各人自扫门前雪，休管他人瓦上霜！别人的地盘别人做主，只要别人做的事不妨碍自己，管那么多做什么？天要下雨，娘要嫁人，随他去吧！爱怎么折腾就怎么折腾，咱只管做好自己的事，没事看看别人的笑话，岂不快哉！因为与自己没有隶属关系，咱们还是给别人足够的尊重，包容别人的行为。只要不让咱去帮着收拾烂摊子就成，管多了也许就是种了他人田，荒了自己地！

（2）交他：桃花潭水深千尺，不及汪伦送我情！前面说了要包容他，这个还不够，因为这类人既然唯领导马道是瞻，说明能得到领导的欢心，在领导心里有一定的分量，也许在不经意间就能影响领导的决策。如果不小心让对方惦记着了，哪个关键时刻对方在领导那里给自己穿个小鞋，也许自己就吃不了兜着走了。所以，在不损害自己利益的前提下，适当地交好对方还是必要的。当然了，如果对方认为朋友就是用来在关键时刻插两刀的，那只能说交友不慎！

（3）防他：画虎画皮难画骨，知人知面不知心。既然说了要交他，为什么掉转枪口还要防他呢？我们说做事，得往坏处想，朝好处努力。假如对方看中自己的位置呢？这个不是没有可能，这要预防。既然咱这个位置是人事或行政岗位，对方那样对上献媚，对下苛刻，会不会导致下面的人反弹或是离开？这个时候，咱手里有预案？能及时补充人员？这类人既然会推责任，说不定自己把人折腾走了，反咬一口说咱留人没方法，招人不给力。咱是不是要哭晕在厕所里？所以，不管什么时候，咱们都得留一手呀！不是为了害人，只是为了自己不掉沟里！

**2. 对领导：忍他帮他，受不了爷就不伺候他。**

（1）忍他：人在矮屋檐下，不得不低头。职场是一个讲规矩的地方，只有你适应领导，没有领导迁就你（除非领导喜欢你）。所以，这个咱也只能捏鼻子认了，谁让官大一级压死人呢？除非不想混了！对于对下属严厉苛刻的领导，咱就自我催眠吧，在心里默念三遍，这是领导在培养我。哪怕就是明知在胡扯，又能如何，只有自我安慰才能避免出现上班如上坟的心情！实际上领导这样，要么是强迫症犯了、要么就是太自我，还有一种危险的解释就是没担当！所以，神一样的对手是可怕的，猪一样的队友是可悲的，鬼一样的领导是可恨的！

（2）帮他：好风凭借力，送我上青云。我们说如果不能选择领导，也不想挪窝，那么只有劈开华山一条路，吊死在领导这棵歪脖子树上。什么也别想了，自己小心点，一是保证不出错，二是假如出了错，赶紧先认错，立马改。最关键的是，凡是领导想做的，咱就得鞍前马后伺候着，让领导出成绩，出风头，早点让领导有资本晋升。这样说不定，看在劳苦功高的分上，也许领导能拉咱一把。至少领导吃肉，咱喝点汤吧！就算领导不想咱，换个人来做领导，也算是咱们的福利了。如果前脚送走了狼，后脚进来了虎，什么也不说了，这就是命！

（3）闪他：三十六计走为上计。如果说既忍不了恶气，又没有实力送领导走，心里还不舒服，怎么办？凉拌！咱是来赚银子的，不是来受虐的！既然没有那种领导虐我千百遍，我待领导如初恋的情怀，心里也装不下那么多的阳光，还不想看那张谁都欠他250块的脸，那就走吧。人总要学会自己长大，天涯何处无芳草呢！

### 3. 对下属：限他杀他，灭他没商量。

（1）限他：原地不动，限制使用。八戒说，师父，都是猴哥的错，悟空说，呆子，我打你！唐僧就得出面调解，头疼呀！如果自己的下属是这样的人，这个时候得睁开眼睛看好了，别让下属给"坑爹"。有道是阎王好见，小鬼难缠，恰恰是难缠的小鬼坏了阎王的名声！再说了，这样的下属，你用起来放心？只管把自己伺候好了，事情谁做？内部不和，别人对自己的威信会产生动摇！你不是乾隆，没有必要养个和珅让接班人杀！所以，这样的下属不是不用，而是要限制使用。不能放大权，不能放重点岗位，不能让其再有下属，还得时时勤拂试，没事敲打一下，让对方长长记性！

（2）杀他：斩草不除根，春风吹又生。所谓量小非君子，无毒不丈夫。如果你感觉驾驭不了这种下属，或是你在意自己的名声，爱惜自己的羽毛，或是你自认为眼里揉不进沙子，或是你耻与这样的人共事，或是你不想让团队内部有不和谐的声音，或是这样的人引起众怒等等，正好你有权决定这样下属的去留，那就别吵吵了，要么踢出去，要么"杀"了！当然，踢出去不一定就是最好的选择，打蛇不死，必留后患，所谓"野火烧不尽，春风吹又生"，还是"斩草除根"要好一点！

只要你做事，就会有责任，你从来都没有责任，都是别人的错，你是神仙？何况神仙还犯错了，还敢承认了。《西游记》里神仙身边的人犯错，神仙面对孙大圣时还经常说，是我管教不严……

职场，你为了自保，或是上位，你可以拍，也可以耍手段，八仙过海各显神通本来就是题中之义。但是，如果缺少了担当，别人望你的眼神就变了，没有人愿意与不靠谱的人合作，就算合作也是短暂的！

能讨领导欢心，有担当，能做事，会培养下属的是人才，这类人要重用；能讨领导欢心，能做事，没担当的人，还是慎用！其实，走上管理岗位的，担当才是最重要的品质！

话说宁交君子，不得罪小人，这类拜高踩低的同事，还是不得罪为好，除非你有足够的本钱震住他。但是，三十年河东，三十年河西，谁知道对方那天就位了呢？如果你与对方没有香火情，别人凭什么就不踩你？所以，没有利益关系时，交之，这是烧冷灶；有利益关系时，防之，这是给自己留个后路；如果自己主管一方，又想大有作为时，对这样的人还是"除掉"为好！当然了，如果你要想效仿大明朱老板家那一套，这类人就是锦衣卫的最好人选！

## 13 第十三节

## 提出离职申请后被挽留，走还是留

有位伙计入职现在的公司已7年了，由培训专员岗一路晋升到现在的HR经理岗。最近半年，他感觉自己遇到了职业瓶颈：

（1）在近3年内自己可提升空间不大，不会有很大的突破，成就感低；

（2）现有工作内容很多是执行层面，事务性较强，对专业能力提升不多；

（3）目前薪资略低，0.85W×14月。

刚好，在猎头公司的推荐下，有一家通讯公司邀请他去做HR负责人。该公司在行业内排名前三，他在面试过程中感觉到企业文化、团队氛围较为融洽，薪酬为1.5W×16月。

在获得新公司录用通知后，他向原公司提出离职申请，但公司强烈挽留，并给出条件：

（1）在现有薪酬基础上，加薪30%（按照常规可加18%）；

（2）担任新的营销体系业务经理，全面负责新的营销体系的人力工作；

（3）充分放权，在比较薄弱的招聘等模块进一步放权，搭建业务体系团队，提高成就感。

现在他很为难，不知该如何选择，是留还是走？

如果是我，那必须选择走！这个没得商量！就像男女关系一样，你对我不好，就不要怪别人对我好嘛！你对我说，留下嘛，我会加倍对你好！我说哥！嗯！你早干吗去了？

有人说，万一去了新东家做不久呢？其实，跳槽这种事，哪有百分百的成功呢？我们需要的只不过是那个经历罢了，有了那样的经历，你才有机会去角逐一下，站在更高的平台上施展抱负！如果一直窝在山沟沟里，就算风景独好，终究是井底之蛙。

**1. 先来说说为什么不能留的原因。**

（1）客套的需要：你在公司混了7年，什么概念？再混一年，抗日战争都胜利了！你说你混了这么久，要是公司连留人的姿态都没有，你心里会是什么感觉？

那是透心凉的节奏！所以，公司留你，不是真的想留你，只是老板心里说，凭什么他要离开我？应该是我甩他呀！所以，这个留人，就相当于走大路时遇到女生就喊美女一样，只是客气话！

（2）养肥了再杀：当然了，还有一种可能，你突然撂挑子了，公司没有找好接班人，所以得把你稳住，等有了接班人时，再慢慢收拾你！当然了，没有榨干你的剩余价值，怎么会轻易让你离开呢？真以为黄世仁是黄大善人呀！让你去负责新的营销体系当HP经理，呵呵，有挑战，也是挖了一个埋人的大坑！等你把前期事情做差不多了，那边接班人也到位了，坑里的土也埋到你头了！

（3）老板的话就像女人的脸：两种解释，一是翻脸比翻书还快，二是假的多（化妆品堆出来哒）。早就说过，权力就是最好的春药，以前不给你磕药，现在就给你磕了？是药三分毒，磕了就得付出代价！什么叫搭建业务团队？什么叫提高成就感？你以为是把团队人招到位，他说他需要的是有战斗力的团队；他认为让你参与搭建团队就是有成就感，你认为做出有价值的事被人膜拜才是成就感。好吧，不是一个频道上的！

（4）同一片星空，不同的月亮：我们都是在同一个地球上，头上顶着同一个月亮，但是角度不同，我这里是余年知几何，佳月屡屡逢，你那里，阴雨连三月！案例中跳槽后的待遇是在原来基础上增加100%+的节奏，留下来加薪只有30%，还是烧高香的老板开大恩了！这个真的不一样，指望在公司加薪让自己满意，那只能呵呵了。你在外面去，那是种韭菜，一年吃好几茬，那是肚大腰圆像二师兄一样。你要是留在公司，那是种蟠桃，三千年一开花，三千年一结果！关键是，你活不到三千年就翘辫子了！

**2.什么时候可以要考虑走的事呢。**

（1）心受委屈了：我们说心受委屈时必须走，这个概念有点大，但是也好理解，就是在这里工作不快乐了（领导不信任了，同事处得不好，自己找不到对象了，公司旺财的伙食比自己好了等等）。如果都是用一种要抑郁的心情去上班，那样，每天叫醒你的就不是闹钟了，而是大悲咒！这个时候，就可以摸着良心想想了，该换口棺材了！

（2）钱的事情真的是个事：有时候，不要和钱过不去，很多时候，不是钱的事，归根结底都是钱的事。有本事，你拿钱来侮辱我吧！如果感觉自己掉价了，每个月的工资都比别人少买几包卫生纸了，赶紧把眼睛睁溜圆点，跳槽这种事，要趁早！

（3）碰到好机会了：这年头，天上也会掉馅饼。如果时来运转了，打了几十年的老光棍，真能娶到万人景仰的女神当媳妇！这种机会可能是遇到好职位，或是好待遇，或是好环境，或是好行业等等，可遇不可求的事，抓紧了，别放手！别乱瞅！要知道关公遇到刘皇叔，才能成为关二爷，悟空遇到唐僧才成了斗战胜佛！机会呀，那就是五百年一次的回眸才换来的擦肩而过。千万别像马书记那样，妹纸对他说，想不想尝尝她嘴上的唇膏味道。结果，马书记抢了妹纸的包包，把唇膏翻出来一口气吃了大半支……

（4）闲得晒太阳了：有的人，天生就是闲不住，生下来就是为了折腾而生的，干没有挑战的工作，太按部就班的工作，或是太清闲的工作等，就会有一种生无可恋，生不如死的感觉。这个时候，换换吧，如果不换，你就不会知道什么叫地狱。但是，路是自己选的，再难也要走下去！

（5）你缺啥别人能给你啥：我没读过多少书，只知道最朴素的道理：我想要啥，别人就能给啥，这就没得商量，走！反正就一百来斤，你说怎么混就怎么混吧！

比如马书记觉得官小了，别人给他个大官当当，那就走。马书记觉得钱少了，别人给他按斤发工资，那就走。马书记觉得单身太寂寞了，别人给他发个女朋友，那就走。马书记觉得房子小了，别人扔给他幢小别墅，那就走，马书记觉得打工太累了，别人甩了个合伙人的差事给他，那就走。马书记觉得门前需种花，别人让他桃李自成林，那就走！马书记觉得遇到弥勒这样又帅又有魅力的领导，那必须得走，这种领导，一般靠人品！想清楚自己处于什么阶段，想清楚自己这个阶段最需要什么，别人能满足你这个需求，就可以去尝试。世上本没有路，走的人多了就有了路！宁愿为明天的失败买单，也不愿因今天的犹豫后悔！

作为员工来说，宁愿相信这个世上有鬼，也不能相信老板那张嘴，需要你的时候，他能喊你小宝贝，不需要你的时候，他就喊你牛夫人……所以，只要你敢走出去，你就会发现，你的隔壁永远都会有一个老王在等你！

对于老板来说，只要员工心不在你这里，就算你对他说爱你一万年也白搭。恋爱要陪伴，别等散伙了，再来说爱你。只要别人愿意跟着你，做一个为她画眉的无忌哥哥又如何？

## 作者简介

### 徐胜华

网络 ID "红尘醉弥勒"。

人力资源管理师，拥有 4 年以上培训咨询公司高级合伙人，10 年以上企业（港、台、民企）中高层管理经验。三茅人力资源网专栏作家，《中国培训》《CHO首席人才官与商业评论》等多家媒体特约撰稿人。现为珊茅（上海）人力资源有限公司联合创始人。

2017 年度三茅人力资源网"最受 HR 欢迎年度分享专家"、"最受 HR 欢迎文章作者"，蝉联 2016/2017 年"最幽默 HR 桂冠"，一个被 HR 界耽误的段子手。是三茅人力资源网最受欢迎的超人气作家之一，专栏拥有近 700 万 + 的点击访问量，深受读者喜爱。

出版有著作《职场不简单：人力资源总监手把手教你升职晋阶》《为什么选你做 HR 经理：人力资源管理技能精进指南》。

想 象 之 外　品 质 文 字

**为什么选你做 HR 经理：人力资源管理技能精进指南**

策　　划 ｜ 领读文化　　　　执行编辑 ｜ 领读＿屈美佳

责任编辑 ｜ 孟繁强　　　　版式设计 ｜ 领读＿蒙海星

封面设计 ｜ 领读＿刘俊

**更多品质好书关注：**

**官方微博 @领读文化　官方微信｜领读文化**